죄책감과
작별하는 부모

지혜로운 힘을 키우는 부모교육 가이드

죄책감과
작별하는 부모

서유지 지음

추천사

　서유지 소장은 내가 아는 사람 중에 기차를 제일 많이 타는 사람이다. 자신을 필요로 하는 곳이면 어디든 마다하지 않고 강의와 상담을 위해 캐리어와 백팩을 챙겨 떠난다. 이 책은 책상에서 이론을 정리한 책이 아니라 현장에서 사람들을 만나면서 땀과 발품으로 쓴 생생한 책이다.

　부모와 자녀 관계는 얼핏 보면 인과관계 같지만, 본질은 상관관계에 가깝다. 아이가 잘 된 것은 부모가 잘해서고, 아이가 문제가 있는 것은 다 부모가 잘못해서 그런 것이라고 보기 어렵다. 부모 자녀 관계는 간단한 도식이 아니다. 부모와 자녀는 서로 어떻게 상호작용을 하느냐에 따라 매우 다양한 관계의 결과물을 받는다. 부모와 자녀 관계는 시간의 흐름에 따라 계속해 변하고 서로에게 끊임없이 영향력을 행사하면서 관계를 만들어 간다.

　이 책은 부모가 자녀와의 관계를 맺을 때 어떤 영향력을 펼쳐야 하는지에 관한 이야기이다. 서유지 소장은 부모가 가져야 하는 자질에 대해 친절히 설명해 주고 있는데, 이 책의 놀라운 점은 부모가 어떤 지점을 어려워하는지 어떤 지점에서 부모가 힘든지 우리의 약점을 기가 막히게 잘 알고 있다는 것이다. 자녀와 사랑의 관계를 맺으며 나 또한 자녀를 통해 성숙해 가는 것에 관심이 있는 부모에게 이 책은 온기 있는 지혜서가 되어 줄 것이다.

김지윤 소장 (USTORY&좋은연애연구소)

이 책은 부모 스스로에게는 지혜와 돌봄을, 자녀에게는 자존감과 용기를 주는 부모가 되도록 안내해주는 책이랍니다. 10년 이상의 부모교육을 통하여 가장 소중한 것은 부모 자신을 잘 애도하고, 자책하지 않으면서 애틋한 마음으로 자녀의 곁을 지키고 버텨주는 것임을 이 책은 알려줍니다. 그래서 우리는 이 책을 통하여, 서유지 선생님과 함께 충분히 좋은 부모로의 길을 함께 걷게 될 것입니다. 고맙습니다.

김현수 (명지병원 정신건강의학과 임상교수)

이 책은 너무 늦게 나왔다. 그동안 서유지 선생님 강의를 듣고 상담을 받은 사람들만 누리기엔 아까운 '진짜 부모교육' 실전편이다. 우리는 모두 좋은 양육자가 되고 싶지만, 매일 실수하고 후회하며 죄책감에 시달린다. 이 책은 쉽고 명쾌하고 실용적이며, 오늘 바로 실천할 수 있는 양육의 지혜를 아낌없이 알려준다. 읽으면서 따라 하기만 하면 된다. 의미치료 전문가, 유능한 심리상담사, 부모교육 전문강사, 아이들과 함께 성장하는 행복한 엄마인 서유지 소장만이 쓸 수 있는 책이다.

박상미 (한국 의미치료학회 부회장·힐링캠퍼스 더공감 학장)

4살이었던 아들의 음성이 녹음된 파일을 23살의 아들과 함께 듣다가 펑 울고 말았다. 아들은 왜 우냐고 당황했고 "엄마가 뭉클해서 그래"라고 대답했지만, 내 가슴의 감정은 뭉클함만이 아니었다. 오래도록 묵혀 있던, 아들에 대한 엄마로서의 죄책감이 되살아났기 때문이었다. 부모로서 죄책감은 나를 포함해 내가 만났던 수많은 부모의 짐이다. 우리는 저마다 최선을 다해 부모의 역할을 하고 싶으면서도, 순간순간 감정을 절제하지 못하고 아이에게 상처를 주어 돌아서서 후회하면서 끝내 더 잘 해주지 못한 아쉬움을 가슴에 남겨 둔다.

이 책은 아이를 키우면서 우리가 먼 훗날 부모의 역할을 해 온 우리 자신을 돌아보며 덜 후회하고 더 행복할 수 있도록, 부모를 위로해주면서도 아이를 양육할 자세한 가이드를 남겨주고 있다. 부디 바라건대 많은 부모가 이 책을 통해 깊이 위로받기를, 또한 책에 실린 자세하고 따뜻한 레슨을 통해 아이들을 어떻게 사랑하면 좋을지, 어떻게 대화하면 평화로울지 그 해답을 찾아가기를 바란다. 그 결과로 대한민국의 많은 부모의 가슴에 죄책감 대신 만족감이 더 크고, 눈물 대신 미소가 지어지기를 소망해보는 마음을 담아 이 책을 진심으로 추천한다.

박재연 소장 (리플러스 인간연구소, 국제죽음교육상담전문가)

세 자녀를 키우며 끝없어 보이는 터널을 걸어본 적 있는 이, 상실의 아픔으로 폭포수 같은 눈물을 쏟아내는 분들이 쉴 수 있는 치유의 둥지를 열어 극진한 음식과 편안한 잠자리를 제공하는 이, 날카로운 공감과 따뜻한 직면을 추구하는 환대자로 살아가는 이, 서유지 소장의 책이 세상에 나옴을 크게 환영합니다.

구절구절 단락단락 저자의 삶과 그동안 만나왔던 많은 부모님의 이야기가 뒷받침되어 쓰인 글이라 고개를 연신 끄덕이게 됩니다. 자녀 양육에서 시작하여 부모의 죄책감과 애도, 자기 영혼을 돌보는 부분까지 전후좌우로 인간 이해를 깊게 할 수 있는 책입니다. 모든 부모님께 추천합니다.

정은진 소장 (진로와소명연구소, 우리아이 기초공사 저자)

프롤로그

"머리로 아는 것을 바로 실천할 수 있다면,
세상의 많은 직종이 망할 겁니다.
병원, 상담센터, 종교 단체가 문을 닫겠지요."

　잘해보려고 하지만 생각, 마음과 현실은 너무 다르다고 안타까워하는 부모님을 만났을 때 드린 답입니다. 네, 우리가 완벽하게 실천할 수는 없습니다. 그저 아는 것을 삶에서 연습하고 사는 정도면 충분하지 않을까요? 자녀는 완벽한 부모를 바라지 않습니다. 실수해도 또 털고 일어나서 사과하고, 다시 살아가는 생명력 있는 부모를 원합니다. 그런 부모를 보는 자녀는 비로소 '아, 나도 불확실한 인생, 부끄러운 일이 자주 일어나는 삶을 살지만, 그래도 또 용기 내서 살면 되는구나!'라는 통찰을 얻을 수 있습니다. 부모가 자녀에게 꼭 가르치고 싶은 지혜는, 말로 열심히 가르친다고 얻는 것이 아닙니다. 부모가 자기 자신으로 생생하게 살아갈 때, 자녀도 그런 부모를 '보고' 배웁니다.

우리는 '완벽한 부모'를 꿈꾸지만, 그런 부모는 존재하지 않습니다. 이미 '완벽한 부모'라는 이름 자체가 좋은 것만 가지고 있는 부모, 실수하지 않는 부모, 다 잘하는 부모라는 환상만 가득 담은 분열 상태를 보여주고 있습니다. '이것은 반드시 해줘야 해.', '나는 절대로 이런 실수는 안 할 거야.', '나는 꼭 이런 부모가 될 거야.' 주문처럼 나에게 말해도 되지 않는 이유가 있습니다. 인생에 '절대로'와 '반드시'는 딱 하나씩밖에 없습니다. 인간은 '절대로' 영원히 살 수 없고, '반드시' 죽습니다.

자신에게 조금 더 넉넉해지시면 좋겠습니다. '반드시 좋은 부모가 되어 자녀에게 절대로 상처를 주지 않겠다.'라는 굳센 결심보다, '나와 자녀에게, 가족과 이웃에게 조금 더 넉넉한 사람이 되자.', '실수해도 또 털고 일어나자.', '애틋하지 않은 인생이 어디 있는가, 내가 나를 달래며 가보자.'라는 편안한 마음으로 나의 삶을 살면 어떨까요?

제가 만났던 수많은 부모님은 대체로 자녀를 많이 사랑하고 부모 역할을 잘하고 싶은 분이었습니다. 마음먹은 만큼 잘하지 못하는 자신을 미워하기도 하고, '내가 이러는 건 배우자 탓이야!', 혹은 '내 부모에게 받은 게 없어서 이래!'라고 화를 내기도 하는 평범한 사람이 많았습니다. 우리는 반복되는 나와 자녀의 실수 그리고 실패에 몹시 화가 나고 절망스럽지만, 다시 일상을 살아내야 합니다. 그게 사랑이 가진 속성이고 힘입니다. 사랑은 성장을 위한 고통을 수반합니다. 우리가 내 삶과 자녀를 사랑하기에 화가 나고 절망하는 고통을 경험하면서도 또 용서하고 일상을 삽니다. 부모의 그 모습을 보며 자녀는 인생을 사는 방법을 배웁니다.

우리는 미성숙합니다. 자녀는 더욱 그렇지요. 가르친다고 금방 바뀌지 않습니다. 부모가 말하고 가르쳤으니 듣고 쉽게 변할 거로 생각하면 힘듭니다. 계속 시행착오를 합니다. 우리도 그랬듯이요. 미성숙하고 내 마음에 들지 않는 자녀를 보는 부모는 고통스럽고 힘이 빠집니다. 그런데 기억해야 할 두 가지가 있습니다. 우선 자녀는 내 마음에 들기 위해 태어나지 않았습니다. 우리는 매우 친밀하고 서로에게 중요한 관계지만 전혀 다른 존재임을 인정해 주세요. 그다음은, 아무리 힘들어도 포기하지 않는 게 중요합니다. 자녀는 '부모님이 나로 인해 괴로우면서도 포기하지 않고 계속 나를 훈육하고 사랑하시는구나!'라고 느끼면서 삶을 배웁니다. 부모에게 가장 필요한 용기는 내 마음대로 되지 않아도 견디는 용기, 삶의 고통을 직면하는 용기입니다. 부모의 그 용기를 보며 자녀는 인생의 고통을 겪어 내는 과정과 방법, 즉 삶의 지혜를 터득합니다. 그래서 우리는 계속 배우고, 실수하고, 그래도 또 가는 겁니다.

이 책을 읽는다고 인생의 무게와 부모로 사는 어려움이 갑자기 사라지지 않습니다. 그러나 답답하고 힘든 부모의 마음이 닿는 곳, 손 닿는 거리에 있는 동반자의 목소리를 들을 수 있을 겁니다. 성숙해 가는 부모로, 자녀의 성장을 지켜보는 부모로 살아가는 여러분을 응원합니다. 편안한 마음으로 읽어주세요.

잊지 마세요, 시간은 우리 편입니다.

—— 서유지

목차

Chapter 1

나는 어떤 부모인가?

Chapter 2

누가 문제의 주인인가?

Chapter 5 ─────────────────────────────

성숙해가는 부모, 성장하는 자녀

들어가며

거룩한 낭비

부모교육 현장에서 만난 많은 부모님에게 "부모로 사는 건 어떤 걸까요?", "부모 역할을 감당하기 힘들지 않으세요?"라는 질문을 합니다. 그러면 이런 답이 가장 많습니다.

"태어나서 해본 일 중 가장 어려운 일입니다."
"이렇게 답 없고, 힘든 건 줄 알았으면 시작을 안 했을 거예요."
"첫째에게 미안해요. 처음이라 너무 몰라서 많이 힘들게 했어요."
"다시 하라 해도 더 잘할 자신은 없어요."
"너무 어렵고 힘들지만, 아이들은 사랑이에요."

정말 그렇습니다. 부모 역할은 세상에 태어나 해본 일 중 가장 어려운 일이라고 해도 과언이 아닙니다. 일단 처음이라 낯설고 힘듭니다. 내 부모가 좋은 모델이 되어주었다면 보고 들은 기억을 더듬어 천천히 해보거나 내가 받은 대로 자연스럽게 자녀를 키울 수 있겠지만, 그런 환경에서 자라지 않았다면 참 난감합니다. 모르는 영역에 갑자기 던져진 겁니다. 대상이 망가지면 고치거나 버릴 수 있는 물건이 아니라 더욱 마음이 힘듭니다. 새로운 생명, 사람을 키워야 하다니! 생명은 아름답고 위대하지만, 참 조심스럽습니다. 출산이나 입양으로 부모가 되었나요? 그렇다면 우리는 놀랍고 어려운 세상으로 들어가는 문을 연 겁니다.

망아지나 송아지는 태어나서 몇 분 비틀비틀하다가 금방 걷습니다. 그런데 사람은 자기 앞가림을 하는 데 정말 오랜 시간이 걸립니다. 돈과 시간 그리고 마음을 많이 쓰며 자녀를 키우는데, 그 시간과 노력에 비교하면 얻는 것이 별로 없어 보일 때도 많습니다. 예상하지 못하는 일의 연속이기도 합니다.

최근 수업에 들어오셨던 한 아버지가 "저는 아이들을 상대하며 일어나는 합리적이지 않은 일들이 참 힘듭니다."라고 하셨습니다. 그때 제가 한 말은 이렇습니다.

"자녀를 낳고 기르는 자체가 이미 비합리적이지 않을까요? 농경사회에서 자녀 한 명이 노동력이 되는 상황이면 모를까, 오늘날 우리가 자녀를 낳고 기르는 건 합리적인 것과 거리가 멀지요. 돈과 시간 그리고 마음을 가장 많이 쓰는 일이지만 돌려받을 수 없고, 돌려받으려고 해서도 안 되고요. 그래서 저는 부모로 사는 건 '거룩한 낭비'라고 말합니다."

그날 함께 수업을 듣던 사람 모두 고개를 끄덕이며 웃었던 기억이 납니다. 부모로 사는 건 쉬운 일이 아닙니다. 여러분은 매우 비합리적인 세계에 들어오셨습니다. 전혀 예상하지 못한 일들이 펼쳐지겠지요. 그러나 축하합니다. 여러분은 '거룩한 낭비'를 통해 사랑과 성숙을 제대로 경험하게 될 것입니다.

어떤 부모가 좋은 부모인가?

아빠들만을 위한 온라인 부모교육 강좌를 열었습니다. 금요일 밤 10-12시, 5주 동안 아내와 자녀를 사랑하는 좋은 아빠들과 부모교육 이론을 공부하고 삶을 나누는 아주 좋은 시간을 보냈습니다. "본인의 아버지에 대한 기억을 말씀해주시겠어요?"라는 저의 질문에 아버지 대부분은 "자라며 아버지와 함께 보낸 시간이 별로 없어서 기억나는 것은 없습니다. 그러나 제가 40대 중후반의 나이가 되고 보니 '참 대단하시다. 고생 많으셨다.'라는 생각이 듭니다."라고 답하셨습니다. 그 대답을 쭉 듣다 보니 눈물이 났습니다. "정말 애쓰셨어요. 한 번도 보지도 못하고, 만져보지도 못한 좋은 아버지 역할을 해내기 위해 애쓰셨네요. 정말 고생하셨어요."라는 말이 저도 모르게 여러 번 나왔습니다.

오래전, 어느 책에서 "좋은 엄마란 내 엄마가 해준 좋은 말과 행동은 자녀에게 그대로 하고, 엄마가 했던 안 좋은 언행은 나의 자녀에게 안 하는 엄마다."라는 아주 단순한 문장을 읽었습니다. 이보다 더 편안하고 정확하게 부모 역할을 표현한 문장이 또 있을까 싶습니다. 내 부모로부터 받고 경험한 기억 중 좋은 점은 나도 자녀에게 흘려보내고, 부모가 나를 마음 상하게 한 언행은 걸러내서 안 하려고 애쓰는 것, 매우 단순하지만 누군가의 자녀로 살아왔고, 누군가의 부모로 사는 우리에게 지침이 될 수 있는 말입니다.

'나는 좋은 부모 밑에서 자라지 못했는데 어쩌지? 나도 좋은 부모가 될 수 있을까?'

이런 고민을 하시는 분이 많습니다. 괜찮습니다. 사람은 좋은 쪽으로도, 나쁜 쪽으로도 변할 수 있는 존재입니다. 이 책을 펴서 읽고 있는 당신은 이미 좋은 부모입니다. 자녀 양육의 지혜를 얻기 위해 책을 읽고, 강의를 찾아 듣고, 마음 깊이 자녀의 행복을 바라고 기도하는 분은 모두 좋은 부모입니다. 이어지는 내용을 '내 부모님은 이떤 분이셨나! 나는 어떤 부모인가? 어떤 부모로 살고 싶은가?'를 생각하며 읽으시길 부탁드립니다. 설령 살면서 실수했거나 부족한 부분이 있다 해도 너무 심하게 부모님이나 자신을 탓하지 말아야 합니다. 사람은 모두 미성숙합니다. 우리 부모님도, 우리도, 자녀도 그렇습니다. 성숙하고 성장해 가는 과정 중에 있을 뿐입니다. 그 과정 가운데 서로 상처를 주고받고, 또 회복하고 사랑합니다. 가족은 이런 관계 속에서 삽니다. 그러니 너무 나와 남을 탓하지 말고, 조금 편안하게 양육서를 읽어도 되고, 죄책감을 내려놓고 부모교육 강의를 들어도 됩니다.

죄책감을 주지 않는 부모교육 &
애도의 시간인 부모교육

십 년 넘게 부모교육을 공부하고 강의하고 있습니다. 특별히 저는 '부모'에게 초점을 맞추고 강의와 상담을 진행합니다. 부모교육 세미나 (자녀 양육 세미나) 는 "이렇게 아이들을 잘 키우세요.", "이렇게 키우시면 좋은 부모가 되고, 자녀도 성공합니다."를 말하고 배우는 자리가 아닙니다. 그럼 무슨 이야기를 하냐고요? 다음 두 가지를 말합니다. 이 두 가지를 힘주어 전달하는 게 제가 하는 부모교육의 70%라고 생각합니다.

1. 완벽한 부모는 없습니다. 자책하지 마세요. 죄책감을 내려놓으세요.

자녀에게 잘해주지 못해서 좋은 부모가 아니라는 생각이 드시나요? 완벽한 부모는 없습니다. 소아과 의사이자 정신분석가인 도널드 위니컷 Donald Woods Winnicott, 1896.4.7~1971.1.25 은 사십여 년 동안 육만 명의 아이들과 부모를 만났습니다. 그는 아이들의 증상을 단순한 몸의 질병 차원으로 이해하고 치료하는 데 부족함을 느꼈습니다. 그래서 아이가 부모와 어떻게 관계를 맺고 진짜 자기를 만들어 가는지 연구했습니다. 그 과정에서 위니컷이 한 유명한 말이 바로 '이만하면 충분한 엄마 good enough mother '입니다. 이때 엄마는 주양육자를 말합니다. 사정이 있어서 아이가 할머니 손에서 자랐다면 그 아이에게 엄마는 할머니인 거죠. 그래서 저는 엄마 대신 부모라는 표현을 합니다. '이만하면 괜찮은 부모', '그럭저럭 괜찮은 부모'면 족합니다.

위니컷은 '완벽한 엄마는 마녀'라고 표현했습니다. 100% 완벽한 부모는 무서운 존재입니다. 자녀의 필요를 모두 다 채워주고 절대 화내지 않는 부모, 그리고 자녀에게 계속 최고만 제공하는 부모는 현실에 존재할 수도 없지만 있다면 자녀 안에 있는 생명력을 박탈하는 가장 나쁜 부모입니다. 완벽하지 않은 부모는 부족한 부모가 아닙니다. 완벽하지 못한 자체를 정상으로 인정하는 부모, '나에게 한계가 있다.', '좋은 날도 있지만, 자녀에게 미안한 날도 있다.'를 아는 부모라면 괜찮습니다.

자녀가 겪는 좌절이 너무 두렵거나 자녀가 상처받는 게 심하게 괴롭고 안쓰러우신가요? '내가 더 많이 가진 부모, 잘난 부모가 아니라 아이가 힘든 것 같아.'라는 생각으로 괴로우신가요? 그런 죄책감을 내려놓으셔도 됩니다. 만약 '내가 자식을 끝까지 책임져야 한다, 내가 이 아이를 잘살게 만들어 줄 거다. 그러려고 내가 지금 이 고생 희생 을 한다.'고 생각하신다면 과도한 책임감을 느끼시는 겁니다.

자녀는 적절한 좌절을 경험하며 성장해갑니다. 물론 우리는 자녀에게 안전하고 따뜻한 부모가 되려고 노력해야 합니다. 어린 자녀가 도저히 감당할 수 없는 치명적인 좌절은 막아주어야지요. 울타리가 되어야 합니다. 그러나 자녀는 자라면서 환상에서 일상으로 건너옵니다. '아무것도 혼자 할 수 없어서 부모에게 전적으로 의지했던' 아기에서 출발해서 점점 자신만의 '되어가는 존재'로 커가는 거지요. 부모가 전적으로 자녀를 책임져야 하는 생후 1년 정도의 기간이 지나가면, 자녀는 부모가 전지전능하지 않다는 걸 깨닫습니다. 부모와 분리되며 불안도 느끼고, 그 불안을 처리하며 공격성도 내뿜습니다. 부모는 자녀의 성장 과정 가운데 생생하게 살아서 반응해주면 됩니다. 그 관계 속에서 자녀는 어느 한순간에 '자아 형성 완료! 지금부터 다른 세상 시작!'으로 사는 게 아니라 '나라는 존재의 연속성'을 경험하며 자아를 형성해 갈 테니까요. 그렇게 자녀가 진짜 자기를 만들어 가야 건강한 사람으로 커갑니다.

자, 여기까지 이야기하면 부모의 불안이 조금 내려갑니다. 불안이 낮아져야 자녀를 여유 있게 바라보고 양육할 수 있습니다. 부모는 완벽해서 중요한 존재가 아닙니다. 자녀에게 부모는 일단 생존이 달린 존재입니다. 부족하면 부족한 대로 자녀의 생명력을 믿고 곁에서 버텨 주는 부모가 괜찮은 부모지요.

2. 너무 애쓰지 마세요, 나를 애틋하게 여겨주세요.

제가 하는 일 중 하나는 '본 적도 없고, 만진 적도 없는' 좋은 부모 역할을 해내려고 애쓰는 부모 곁에 애틋한 마음으로 앉아 있는 겁니다. 물론 좋은 부모님을 둔 분도 계시지요. 그러나 그동안 만난 수많은 젊은 부모들은 자신이 경험하지 못한, 실체가 없는 좋은 부모가 되기 위해 애쓰고 있었습니다.

눈물 없는 인생은 없습니다. "나는 집도 부자이고, 우리 아버지 어머니는 너무 좋으시다. 혼난 적도 없고, 풍족하게 다 쓰고 살았고, 신이 나를 특별히 사랑해 주어서 아무 고생이 없다."라는 사람이 있나요? 아직 만나보지 못했습니다.

우리는 태어나면서부터 웁니다. 자라면서 크고 작은 갈등과 고난 덕에 눈물을 훔치기도 하고, 펑펑 우는 날도 있었지요. 가정을 이루고 자녀를 낳아 키우는 오늘은 어떤가요? 자녀가 사랑스럽고 소중한 만큼 우는 밤이 많지 않나요? 눈물은 진실한 겁니다. 세상에 존재하는 가장 귀하고 좋은 것을 다 주어도 아깝지 않은 자녀를 키우며 부모는 자신의 한계와 한심함에 눈물을 흘립니다. 자녀가 없었다면 결코 알지 못했을 내 아픔과 슬픔을 만나서 마음이 천국과 지옥을 오가기도 하지요. 이런 부모들을 만나는 일을 무미건조하게 할 수가 없습니다. 그래서 저는, "죄책감을 주지 않는 부모교육을 합니다."와 더불어 "부모인 내가 잃어버린 시간이 있다면, 받고 싶었는데 받지 못한 사랑이 있다면 우선 그걸 꺼내서 충분히 애도해주세요."라고 말합니다.

슬프면 우세요. 어린 시절 나를 애틋한 눈으로도 바라봐주세요. 내 부모에게 꼭 받고 싶었는데 받지 못한 사랑이나 인정이 있다면 '그러네, 나 그거 꼭 받고 싶었는데 못 받았네. 그래서 이렇게 허전했구나.'라고 인정해 주세요. 그렇게 나를 만나고 알아갈 때 많은 감정이 지나갈 겁니다. 그때 그 마음을 대강 묻어버리거나 외면하지 말고 잠시 머물러서 나를 달래주세요. 부모님께 말씀드리고 싶다면 화를 내거나 따지는 태도가 아니라, 고마움과 허전함을 겸손하게 전달해 보셔도 좋습니다. 부모님께서 이미 고인이 되셨다면 내 마음에 모시고, 혹은 하늘이나 극락에 계신다고 믿는 분이라면 그쪽을 향해 허심탄회하게 이야기해 보세요. 돌아가신 부모님은 어쩌면 더 너그럽게 나를 기다리고 계실지도 모릅니다.

그게 가능하냐고요? 어떻게 하는 거냐고요? 자신에게 솔직하고 너그러워지면 가능합니다. 제가 만난 아버지 중에 이런 분이 있습니다. 자수성가한 40대 중반의 아버지입니다. 한눈에 봐도 가정적인 분이셨습니다. 처자식에게 좋은 걸 주려고 애쓰지만, 정작 자신은 양말 한 켤레 좋은 걸 사지 못한답니다. 이야기를 들어보니 이분은 결혼 전에 닭 다리를 한 번도 먹어보지 못했습니다. 지금이야 닭 다리 튀김만 따로 주문해서 먹을 수도 있고 마트에 가서 닭 다리 부위만 살 수도 있지만, 예전에는 아버지 월급날이나 복날에 닭 한 마리 사서 온 가족이 함께 먹었지요. 아들만 둘인 집의 둘째 아들인 이 아버지는 복날이든, 치킨 먹는 날이든 닭 다리 하나는 아버지 접시에, 다른 하나는 형 접시에 있는 걸 보고 자랐습니다. 지금은 치킨을 자녀가 원하는 만큼 사 먹일 수 있어서 행복하지만, 그래도 자신에게는 그렇게 다정하게 닭 다리를 줄 마음이 들지는 않는다고 하셨어요. 닭 다리를 못 먹고 자랐다는 건 아주 작은 예 중 하나니까 자라며 다른 상황들이 어떠했을지는 짐작할 수 있겠지요? 부모교육 강의를 긴 시간 들으시고, 집단상담에도 꾸준히 참여하셨던 아버지는 어느 날 용기를 내어 부모님과 조용한 곳에서 차를 마시며 이렇게 말씀드렸다고 합니다.

"제가 사업 때문에 밖으로만 다니며 바쁘게 살다가 우연한 기회에 애들 엄마가 듣는 부모교육이라는 걸 함께 들었어요. 애들이 똑똑하고 착하지만, 아내랑 같이 더 배워서 좋은 부모가 되고 싶더라고요. 큰애는 이미 사춘기이고, 둘째도 사춘기가 곧 다가올 거잖아요. 그래서 예방주사 맞는다 생각하고 모르는 사람들 속에서 수업도 듣고, 제 속 이야기도 하고, 남들 살아온 이야기도 듣고 그랬습니다. 그러다 보니 '아버지, 어머니께서 어려운 중에도 저를 참 잘 키워주셨구나.' 하고 감사했어요. 잘 키워주셔서 고맙습니다. 근데 또 마음 한구석에서 좋은 거는 형에게 먼저 주시던 게 문득문득 떠올라 섭섭하기도 하더라고요. 웃기시죠? 곧 쉰인 아들놈이 이런 말을 하니까요."

정말 용기 있는 분이지요? 부모님께서 사과나 변명을 하실 거로 생각하고 '감사하기도 하고, 서운하기도 하다고 말하는데 혹 역정을 내신다면 그건 부모님이 연로해서 그러시는 거다. 내가 자라면서야 형만큼 받지 못했지만, 지금은 일가와 사업체를 이루고 사는데 계속 꽁할 필요는 없으니까.'라고 마음을 단단하게 다지고 한 말이었다고 합니다. 예상대로 부모님은 "별 희한한 걸 다 배우고 다닌다.", "부모가 위

아래도 없이 다 널 주면 좋겠냐? 지금 잘만 살면서, 비싼 밥 먹고 실없는 소리를 다 하네.”라고 하셨다네요. 제가 다 서운해서 눈물이 났습니다. 그런데 그 아버지의 답변을 듣고 정말 놀랐습니다.

　“제가 ‘먹고살 만하니 별걸 다 배우죠? 먹고 살기 힘든 시절이었지만 저희 형제를 이렇게 잘 키워주셔서 고맙습니다. 그래도 나이 먹어도 자식이라 서운하다고 투정 좀 했어요.’라고 말씀드리고 허허 웃고 돌아왔습니다. 그런데 선생님, 이게 참 묘하네요. 그러고 다녀와서 애들 엄마에게 기대서 많이 울었습니다. 제가 강한 사람입니다. 누가 도와주는 사람도 없는데 이걸 다 끌고 가야 하니 울 틈이 어디 있습니까. 정신 바짝 차리고 살았죠. 그런데 그날 펑펑 울었습니다. 저도 주셨지만 그래도 일단 형부터 학비 준 거, 나만 닭 다리 안 준 거, 칭찬받고 싶어서 일등한 성적표 들고 아버지 어머니 일하시는 데 달려갔는데 사내자식이 말 많고 시끄럽다고 한 소리 들어서 터덜터덜 혼자 집에 돌아온 거 …. 그런 게 그렇게 많이 마음에 있는 줄 몰랐는데, 거짓말 안 하고 속옷 한 장만 남기고 다 벗은 기분이 들 때까지 말하다 울다 그랬네요. 부모님은 모르셨고, 그게 최선이었겠다는 건 이해가 되니까 나 힘들고 서운한 거 1절하고, 2절에는 ‘부모도 나도 형도 다 애썼어.’하고 중얼대며 미친놈처럼 새벽 두 시까지 그랬어요. 다 하고 나니 고급 사우나에 다녀온 듯 기분이 시원하더라고요. 제가 오늘 선생님이랑 같이 공부하는 분들 치킨 사드릴게요. 다들 한 마리씩 보내고, 저는 닭 다리만 파는 치킨 한 마리 시킬 겁니다. 혼자 맛있게 먹어야겠어요. 이제 한 번씩 애들 치킨 먹을 때 저도 닭 다리만 따로 시켜서 먹으려고요. 가족에게 주는 선물을 왜 나에겐 못 줬나 몰라요. 그동안 선생님이 강조하시던 ‘나부터’가 뭔지 알겠어요. 내가 못 받은 걸 자식에게만 해주려고 애쓰는 건 좋은 방법이 아니었어요. 억울한 마음 들지 않게 나를 좀 챙기며 살 겁니다.”

어떠세요? 이런 작업이 인생에 한 번은 있어야 하지 않을까요? 살면서 꼭 받고 싶었던 사랑과 인정을 자녀에게 해주려고 너무 애쓰지 마세요. 지금이라도 나에게 잘해주는 게 바람직하고 건강한 해결책입니다.

강의와 상담을 하며 음악이나 미술을 하고 싶었는데 부모님의 반대로 못했다고 말하는 사람을 정말 많이 만났습니다. 그래서 자녀에게만큼은 배우고 싶다는 거, 해달라는 걸 다 해주고 싶다고 하시더라고요. 네, 좋습니다. 자녀가 도전해 보고 싶은 걸 "됐어. 그거 돈 많이 들어. 음악 미술은 취미로 하는 거야."라고 싹을 꺾어버리는 건 안 하셔야지요. 그러나 정말 받고 싶었던 사랑과 인정을 자녀에게 쏟아붓는 것보다 지금 나에게 조금 맛보게 해주는 게 더 낫습니다. '내가 이걸 못 배웠으니까 너는 배워 둬.'가 아니라 지금 내가 배우는 게 자녀에게도 훨씬 좋은 교육입니다.

'아, 우리 부모를 보니 사람은 계속 저렇게 배우고 발전하는 거구나!'
'공부나 취미는 어려서 하고 끝나는 게 아니라 평생 저렇게 배우고 누리면서 사는 거구나!'

자녀는 평생 공부하고, 취미를 가진 부모를 보며 이런 중요한 삶의 지혜를 배웁니다. 학원이 아니더라도 요즘은 대형마트나 백화점 문화센터에 악기나 그림 수업이 제법 많습니다. 일주일에 한 번 시간을 내서 배워보세요.

'나는 못 했어도 너에게는 해준다.'라며 자녀에게 다 주지 않으셔도 됩니다. 나를 먼저 챙겨주세요. 잃어버린 내 어린 시절이 떠오르면 우셔도 됩니다. 마음으로 살포시 안아주세요. 결혼과 출산, 육아로 내가 사라진 것 같으세요? 억지로 좋은 부모가 되려고 힘내지 마시고, 잠시 그 잃어버린 시간과 꽃같이 예쁜 나를 기억해 주세요. 상실에 대한 애도는 꼭 필요한 작업입니다. 무척 소중한 시절인데 미처 돌보지 못했잖아요. 떠오르는 순간마다 잠시 머물러서 슬퍼하셔도 됩니다. 억지로 "다 그러고 산다. 괜찮다. 약해지지 말자."라고 애쓰지 마시고요, 나를 애틋하게 여겨주세요. 앞으로 나아갈 힘은 그럴 때 나옵니다. 애쓰는 것도 중요하지만 애틋한 마음으로 나와 타인을 바라봐야 진짜 힘을 얻습니다.

여러분은 '거룩한 낭비'를 통해
사랑과 성숙을 제대로 경험하게 될 것입니다.

Chapter 1

나는 어떤 부모인가?

1   부모 유형 (양육 태도)

부모가 자녀를 양육하는 태도를 '사랑'과 '한계 ^{통제}'를 기준 삼아 네 가지 유형으로 나누어 보겠습니다.

내가 옳은 부모
사랑을 주는 것보다 확실한 한계를 정해 주어 자녀를 바르게 키우는 게 중요한 부모

자녀는 알아서 큰다고 생각하는 부모
자녀를 사랑하는 것과 적절한 한계를 정해 주는 것 둘 다 빈약한 부모

힘이 없는 부모
자녀를 많이 사랑하지만 적절한 한계를 정해주는 것에는 서툴거나 관심이 없는 부모

지혜로운 힘을 가진 부모
자녀를 충분히 사랑하면서 동시에 적절한 한계를 정해주는 부모

1940-50년대에 태어나신 분들은 자녀가 알아서 큰다고 생각하는 부모, 혹은 내가 옳은 부모가 되기 쉬웠습니다. 나라 전체가 먹고살기 힘든 상황이라 '자녀는 알아서 큰다. 일단 먹고 사는 게 먼저다.'라거나, 또는 전반적인 사회적 분위기와 본인의 경험에 비추어 '자녀를 바르게 키워 사람 구실 하게 해야 한다'고 생각하는 분이 많습니다. 생계를 위해 부모는 일하고 자녀들은 그 상황에서 알아서 잘 컸다는 이야기를 많이 들어보셨을 겁니다. 다소 엄격하고 강하게 통제하여 자녀를 양육하는 걸 자랑스러워하시는 어른도 흔하게 볼 수 있지요. 물론 간혹 어려운 환경 속에서도 자녀의 생각과 감정을 존중하고 애정 표현을 많이 하시고, 적절하게 '하면 안 되는 것과 꼭 해야 하는 일'의 한계를 정해 주어 좋은 울타리를 제공하는 '지혜로운 힘을 가진 부모'를 경험한 분도 만납니다.

그런데 이상적인 부모라고 볼 수 있는 '지혜로운 힘을 가진 부모'를 둔 사람도 부모에게 상처를 받았고, 부모의 실수로 자신이 곤란했던 일도 있었다고 회상합니다. 그럴 줄 알았습니다. 완벽한 부모란 존재하지 않으니까요. 소아과 의사이자 정신분석가인 도날드 위니컷이 말한 '이만하면 괜찮은 부모'로 충분합니다. 완벽한 부모는 존재하지도 않고, 설령 있어도 문제입니다. 완벽한 부모가 완벽하지 않은 자녀를 어떻게 대할지 상상할 수 있지 않나요? 생각만으로도 불행합니다. '이만하면 좋은 부모', '그럭저럭 괜찮은 부모', '그리 나쁘지 않은 부모'면 족합니다. 자녀를 낳거나 입양으로 품어 부모가 되면 날마다 자녀를 안아주고 먹이고 씻기고 재웁니다. 부모는 자녀를 보며 웃고 행복한 날도 있지만, 걱정하고 실망하는 날도 많습니다. 그래도 자녀에게는, 불완전해서 고민하며 매일 같이 사는 현실 부모가 '이만하면 괜찮은' 부모입니다. 육아가 힘들지 않다고 호언장담하며 모든 것을 거뜬하게 해내는 부모보다, 자녀에게 더 잘해주고 싶지만 자기 한계로 인해 어쩔 수 없이 적절한 좌절을 줄 수밖에 없는 부모, 그리고 돌아서서 눈물을 닦기도 하는 평범한 부모가 '충분한' 부모입니다.

"저는 모든 걸 수월하게 느끼고, 답을 다 알고 있으며, 의심이란 걸 해본 적이 없는 엄마 밑에서 자라기보다는 인간 존재의 모든 내적 갈등을 품고 있는 엄마의 아이이고 싶습니다." 정신과 의사 김건종, 도널드 위니컷 <충분히 좋은 엄마> 서문

그러면 완벽하지는 않지만, 우리 사회에서 자녀를 양육하는 데 가장 적합한 부모 유형, 부모의 양육 태도를 한번 찾아볼까요?

내가 옳은 부모

내가 옳은 부모는 독재형, 전제군주형 부모라고 생각하면 이해하기 쉽습니다. 자녀가 부모 말을 잘 듣고 복종하면 착한 아이고, 그렇지 않으면 혼나는 거지요. 아이가 부모 말을 잘 따르고 말대꾸하지 않으면 칭찬해주고, 반대로 부모의 말이나 정한 바를 거역하면 혼내거나 매우 실망하는 모습을 보여서 자녀의 기를 꺾는 부모가 여기 해당합니다. 권위주의적인 부모라고 할 수 있지요. '부모의 말이 곧 법'인 분위기가 가정 안에 흐르고, 아버지는 자녀가 당신 마음에 들지 않는 일을 하겠다고 할 때 이렇게 말하기도 합니다.

"내 집에서는 안 돼. 내 집에서 살 때는 내 말대로 해라. 나중에 네가 돈 벌어 나가 살면 그때는 네 마음대로 해. 지금은 안 돼."

내가 옳은 부모는 가족 안의 규칙을 부모가 일방적으로 정하고 자녀는 따르게 합니다. 어머니가 자녀의 나이와 무관하게 "오늘은 이 옷 입어.", "그게 상황에 맞는다고 생각하니?", "엄마 말을 들으면 자다가도 떡이 생긴다."라며 자녀의 일거수일투족을 감독하고 지시하기도 하지요. 아이들이 어릴 때는 자신의 생존이 부모에게 달려 있고, 무서우니 부모 말을 듣습니다. 그러나 자녀는 자라면서 점점 부모가 '간섭한다'라고 생각합니다. 십 대가 되면 반항으로 자기 의사를 표현할 수도 있습니다. 그러면 부모는 어려서 말 잘 듣던 모습만을 기억하며 깜짝 놀라지요. "우리 애가 변했다. 이상해졌다."라고 말하기도 하고, 반대로 "버르장머리를 고쳐야 한다."며 더욱 화를 내거나 강하게 나가기도 합니다. 그런데 이때 부모가 반항이라고 생각하는 자녀의 표현은 그동안 '내가 옳다'고 제약을 많이 두었던 부모의 독재 방식에 맞설 힘이 생겨 목소리를 내는 것일지도 모릅니다.

기가 죽거나 스스로 생각을 하는 것 자체가 불필요해서 장성해서도 부모의 말만 잘 듣는 자녀보다는 반항의 방식으로라도 자기 목소리를 내는 것이 자녀의 긴 인생을 생각한다면 낫습니다. 상담 현장에서 자기를 찾고 싶은데 어디부터 시작해야 할지 모르겠다는 사람을 많이 만납니다. 그냥 부모에게 맞추며 속 안 썩이고 자란 착한 자녀들이지요. 부모님은 "우리 아이는 사춘기가 없었어.", "우리 애는 효자(효녀)야. 부모 말이라면 죽는시늉도 하고 그래. 자라며 우리 속을 썩인 적이 없어." 라고 자랑합니다. 그러나 '나라도 우리 부모님 힘들게 하지 말아야지.', '부모님이 그렇다고 하시니 그게 맞는 거지.' 하며 자기 목소리를 잃어버린 자녀는, 장성하여 더는 거짓 자기로 살기 어려운 순간에 몸과 마음이 피폐해져서 병원과 상담센터를 찾아옵니다.

'내가 옳은 부모' 중에서 무섭게 야단을 치거나 비난과 잔소리를 안하는 부모도 있습니다. 그저 지켜야 할 규칙과 제약이 좀 지나치고, 그것을 자녀가 어기면 안 된다고 못 박아 놓는 정도의 약한 독재형 부모도 있지요. 이럴 때 자녀는 부모를 '힘이 있는 부모, 나를 걱정하는 부모, 그러나 조금 무서운 부모'라고 생각할 수 있습니다. 정서적으로 거리감이 있을 수도 있습니다. 아무래도 한계 설정은 확실하고, 사랑의 표현이 적으면 자녀는 무섭고 불편할 수 있으니까요. 자라는 동안 부모의 말을 잘 듣고 뒤로는 살짝 일탈도 즐길 수 있을 겁니다. 성인이 되면 부모가 자신을 걱정하고 잘 키우려고 많은 통제가 있었다고 이해해줄 수 있지만, 정서적으로 친근감을 느끼기는 어렵겠지요.

자녀는 알아서 큰다고 생각하는 부모

"애들은 낳아놓으면 다 알아서 큰다."

이렇게 말하는 부모들도 있습니다. 유난 떨지 말고 편하게 키우라는 뜻으로 하는 말이기도 하지만 부모의 삶이 고달프고 바빠서 세심하게 자녀에게 관심을 기울이기 어려운 경우도 많지요. 자녀는 알아서 큰다고 생각하는 부모는 자녀에게 관심 자체를 크게 기울이지 않는 부모입니다.

'내가 옳은 부모'가 독재, 전제군주형이라면 '자녀가 알아서 큰다고 생각하는 부모'는 방임적인 부모, 무정부 상태에서 자녀를 양육하는 부모입니다. 자녀를 섬세하게 돌보아줄 여력이 없고, 사랑과 적절한 통제를 제공하는 것이 부모 역할임을 모르는 부모이기도 합니다.

부모의 기본 역할은 무엇일까요? 자녀가 건강한 성인으로 성장하기까지 적절한 보호와 발달단계에 맞게 삶을 준비하도록 동행하는 사람이 부모입니다. 이런 기본 역할을 해주지 않는 부모 밑에서 자란 자녀는 무정부 상태의 국민이 느끼는 공포를 경험합니다. 소속감과 안정감을 맛보기 어렵습니다. 세상이라는 거친 파도와 찬바람에 그대로 노출되어 적절한 보살핌을 받지 못하니 스스로 강해지기를 선택할 수도 있고, 반대로 혼란 속에 움츠러들 수도 있습니다. 성장하고 나서 '다른 사람들의 이야기를 들어보니 나만 보호받지 못하고 위태로웠구나.' 하는 생각이 들면 마음이 상할 수도 있습니다. 전쟁과 보릿고개를 경험한 윗세대 어른들은 "우리 때는 다 그렇게 컸다."라며 문제가 안 된다고 말씀하시지만, 그때는 대다수가 그렇게 자라던 시절이라 별문제가 되지 않을 수 있었습니다. 그러나 지금 21세기를 사는 우리 자녀는 물질적으로 풍요롭고, 각종 미디어와 스마트 기기 자극에 노출된 세대이니 그때의 양육방식을 적용하는 것이 무리라는 건 말하지 않아도 아실 겁니다.

힘이 없는 부모

'힘이 없는 부모'는 지나치게 허용적인 부모입니다. 무정부 상태처럼 사랑과 한계를 모두 다 제공하지 못하는 경우는 아니고, 사랑은 많지만 자녀의 그릇된 행동을 수정하는 면을 부담스러워하는 경우입니다. '내가 옳은' 독재형 부모 밑에서 자라며 그 방식에 반대하는 사람이 부모가 되면, 이렇게 너무 많이 허용하는 부모가 될 가능성이 큽니다. 적절한 질서와 규율을 찾아보기 힘들고 대체로 무제한의 자유가 자녀에게 허락되는 것입니다. 마치 부모가 자녀의 심부름꾼이 된 것처럼 행동하며 그게 사랑이라고 생각하기 쉽습니다. 이런 부모는 자신들이 자녀와 친구같이 지낸다고 생각하며 안위합니다. 그러나 부모는 친구가 아닙니다. 매우 친밀한 관계지만 친구, 즉 동급은 아닙니다. 부모는 좋은 권위를 가진 보호자가 되어야지 같이 맞먹는 친구가 될 수는 없으니까요. 부모와 자녀의 가치는 동등합니다. 한 집에 모여 살지만 각자 개성을 가진 독자적인 존재입니다. 그러나 부모는 양육의 주도권을 가진 권위자, 양육자입니다. 자녀와 힘을 공유하고, 지나친 선택의 자유를 허용하는 것은 좋은 방법이 아닙니다. 적절한 한계를 경험하지 못한 자녀는 안정감과 협동심을 기르기 어렵습니다. 자녀가 성장함에 따라 그 한계를 확장하며, 점점 더 넓은 울타리를 제공해주어야 합니다.

허용적인 부모가 친구같이 좋은 부모라고 생각하는 분에게는 다음과 같은 예를 들어 자녀에게 적당한 한계를 적용해야 한다고 강조하고 싶습니다. 자녀와 집 근처 놀이터에서 놀면서 "아빠(엄마)는 여기에 앉아 있을게. 여기서 보고 있고, 네가 부르면 언제든 갈 수 있어. 너도 놀다가 아빠(엄마) 있는 곳으로 오면 돼."라고 말해 주고, 놀이터 벤치에 앉아 있으면 자녀는 안심하고 마음껏 놀 수 있습니다. 어디서부터 어디까지가 자신이 뛰어놀 수 있고 자기 영향력을 끼쳐도 되는 범위인지 명확하게 알기 때문입니다. 그러나 자녀에게 큰 자유를 주고, 원 없이 놀게 해주겠다고 해운대해수욕장에 데리고 가서 "실컷 놀아."라고 말하고는 부모가 주차된 차에 있거나 해수욕장 입구 계단에 앉아 있다면 자녀는 불안합니다. 너무 광범위한 공간을 주면 어디까지가 안전한 울타리인지 자녀는 알 수 없기 때문입니다. 지나치게 많은 자유는 자녀를 불안하게 합니다.

"네 마음대로 해!"라는 말이 얼핏 들으면 자녀에게 자유를 선물하는 것 같지만 사실은 한계가 없어서 자녀는 좋은 선택을 하기 어렵습니다. 우리는 적정수준의 안정감과 소속감이 있을 때 현명한 선택을 할 수 있습니다. 사람은 '만만하지 않은 좋은 권위를 가진 어른'이 필요하기 때문입니다. 가정에서는 부모가 그런 존재이고, 사회에서는 '원로', '우리 시대 큰 어른'이라고 불리는 분들이 그렇습니다. 사람은 태어나서 죽는 날까지 관계 속에 있습니다. 그래서 상의할 수 있는 좋은 권위를 가진 어른이 필요합니다. 가정이 필요하고, 제도 속에서 기본적인 안전과 안녕을 보장받아야 비로소 합리적인 사고를 할 수 있습니다. 예측할 수 없는 불안 속에 사는 존재는 제대로 사고할 수 없습니다. 그러니 자유는 항상 나 자신과 공동체를 보호하는 큰 틀 안에 존재해야 합니다.

만약 자녀에게 안 되는 것이 없는, 제멋대로 할 수 있는 자유만 준다면 부모는 자녀에게서 협동을 배울 기회와 좋은 권위를 경험할 기회를 박탈하는 것입니다.

"이번 한 번만이다.", "제발 그러지 마."와 같은 말을 자주 사용하고 있나요? 자녀를 제대로 지도하고 싶지만 어떻게 말하고 행동해야 하는지 몰라서, 부모와 자녀 모두 불안함을 느끼고 있을지도 모르겠습니다. 자녀의 나이와 역량에 맞는 안전하고 유연한 한계를 제공할 수 있도록 배우고 연습하시면 됩니다.

지혜로운 힘을 가진 부모

자녀에게 사랑과 적절한 한계를 제공하는 부모는 민주적인 부모입니다. 원하는 것을 모두, 언제나 얻을 수 있는 건 아니지만 언제든 자기 생각과 감정을 말할 수 있는 권리가 있는 것이 민주주의니까요. 일정한 한계 안에서 자녀에게 자유를 주는 양육방식은 자녀가 성장함에 따라 점차 많은 선택의 자유를 누리고, 그에 따른 책임을 경험하게 합니다. 부모는 자녀가 커가는 속도에 발맞추어 한계의 선을 점점 크게 늘리는 작업을 하면 됩니다. 확장하는 안전한 울타리 안에서 자란 자녀는 스스로 자신의 영역과 한계를 만들며 마침내 독립합니다.

지혜로운 힘을 가진 부모는 자녀를 인격적으로 자신과 동등한 존재로 인정하고, 자녀가 자기 생각과 감정을 부모에게 정중하게 표현할 자유와 권리를 허용합니다. 가정의 크고 작은 규칙을 정할 때 부모가 일방적으로 정하고 자녀는 따르는 것이 아니라, 자녀의 생활과 관련한 결정이라면 자녀가 자기 영향력을 행사할 수 있도록 표현의 장을 열어주는 것입니다.

"그래, 우리 함께 그 일에 관해 이야기해 보자. 네 생각은 뭐니? 말해 줄 수 있니?"

"네가 혼자 할 수 있다는 걸 잘 알지. 인정! 우리(부모)도 너를 도울 준비가 되어 있고 응원할 준비가 되어 있으니, 혹시 도움이 필요하거나 하다가 힘들면 우리에게 꼭 알려주면 좋겠다."

"네가 화난 건 알지만 그렇다고 해서 형제가 서로 주먹질, 발길질하는 건 안 된다."

"네 생각은 그렇구나. 그래, 그럴 수 있지. 근데 아빠 생각은 좀 달라. 지금 바로 정하지 말고, 우리 둘 다 좀 생각을 정리한 다음에 또 이야기하면 좋겠는데, 어떠니?"

위와 같이 자녀가 지켜야 할 규칙을 미리 정하면 좋습니다. 상호 합의된 규칙을 어겼을 경우 경험하게 되는 결과에 대해서도 함께 이야기하는 겁니다. 매번 잘못을 지적하며 불같이 화를 내는 부모는 민주적인 부모도, 권위 있는 부모도 아닙니다. 가정에서의 규칙을 자녀와 함께 정해야 자녀가 지키려고 시도를 할 수 있습니다. 훈육 과정에도 자녀를 참여시켜 일방적으로 혼을 내지 않고, 인내하며 선택권을 존중하는 부모가 매우 민주적인 부모, 지혜로운 힘을 가진 부모입니다. 그 밖에도 자녀의 긍정적인 면을 순간 포착해서 이야기해주고 자주 자녀를 격려하는 습관, 흥분하지 않고 단호하지만 정중한 어투로 말하는 태도, 그리고 자녀에게 일방적으로 명령하지 않고 자녀의 나이에 맞는 선택 기회를 주는 양육방식도 부드러운 권위를 가진 부모의 특징입니다.

2 지혜로운 힘을 가진 부모의 특징

지혜로운 힘을 가진 부모의 특징은 크게 네 가지로 나누어 볼 수 있습니다. 이 특징은 서로 연결되어 있고, 현대 자유민주주의 사회의 축소판처럼 보입니다. 따라서 자녀가 이런 민주적인 부모 밑에서 자란다면, 사회에 적응하고 좋은 인간관계를 가지며 자신의 능력을 발휘하기에 더욱 유리할 것입니다.

자유

지혜로운 힘을 가진 부모, 민주적인 부모는 자유의 중요성을 알고, 가정 안에서 자유를 제공하고 본인들도 누립니다. 자녀에게 선택과 표현의 자유를 허용하고, 부모 역시 자녀에게 자기 생각과 감정을 정중하게 말하는 자유를 가집니다. 가족 구성원은 성별, 나이와 무관하게 자기 목소리를 낼 수 있는 소중한 개별적인 한 사람입니다. 마치 민주주의 사회에서 인종, 학력, 빈부의 차이와 무관하게 성인은 누구나 1인 1표를 가지는 것처럼, 가족 안에서 가장 연장자부터 막내까지 모두 한 사람의 구성원이고 귀한 존재입니다. 어리다고 그 사람의 의견을 0.5나 0.7로 여기지 말아야 합니다.

가족 공동체가 중요하니 자녀에게 조용히 그냥 정해진 것을 따르기를 종용하거나, 가족 안에 해결할 문제가 있을 때 부모가 일방적으로 결정하고 자녀는 의견을 낼 수 없는 것은 좋은 방법이 아닙니다. 가족 전체가 중요하듯 가족을 만드는 구성원, 즉 개인의 자유도 소중합니다. '나 하나 희생하면 잘 된다.', '너만 참고 견디면 시간이 해결해 주는 일이다.'라는 생각이나 방식도 한 사람의 자유를 침범하는 일입니다. 모두의 목소리를 들어볼 필요가 있습니다.

가족 구성원은 누구나 자기 생각과 감정을 표현할 자유가 있습니다. 그러나 주의할 점이 있습니다. 민주주의 사회에서 내가 하는 말을 사회나 정부, 타인이 다 들어주고 내가 하고 싶은 대로 다 해도 되는 것이 아니듯, 가정 안에서도 부모나 자녀가 말한 것을 다른 가족 구성원이 모두 해주지는 않는 점입니다. 다만 '우리집은 내 생각과 감정, 내 욕구를 말해도 되는 곳이구나. 우리 가족은 서로의 말에 귀를 기울이는구나.'라고 생각할 수 있으면 됩니다. '가정이 안전한 약속 공동체'라는 믿음이 있는 것이 중요합니다. 이런 신뢰가 사람이 세상을 살아 나가는 기초가 되고, 인간관계를 맺는 기본이 되어주기 때문입니다.

지혜로운 힘을 가진 부모는 자녀가 원하는 것을 다 제공하지는 않지만 원하는 것-하고 싶지 않은 것, 긍정적-부정적인 생각이나 감정, 의견을 말해도 언어적, 신체적 폭력을 가하거나 자녀를 벌하지 않습니다. 부모 자신이 "나는 민주적인 부모다"라고 주장하지는 않겠지요. 자녀가 "내 부모님에게는 어떤 말을 해도 괜찮다. 성(性)이나 술, 담배, 그리고 타인을 미워하는 감정을 말해도 부모가 나를 비난하거나 버리지 않는다."라는 신뢰가 있을 때, 비로소 그 부모는 사고와 표현의 자유를 인정하고 누릴 줄 아는 좋은 권위를 가진 부모가 됩니다.

선택

사람을 사람답게 하는 큰 힘 중 하나는 선택입니다. 선택 그 자체가 힘입니다. 끊임없이 선택하고, 그에 대한 책임을 경험하는 사람이 성장할 수 있기 때문입니다. 지혜로운 힘이 있는 부모는 자녀에게 명령하는 대신 선택의 자유를 줍니다. 아주 어린 자녀에게도 간단한 선택권을 줄 수 있습니다.

등원 시간에 강제로 옷을 입히지 않고
"오늘은 어린이집에 갈 때 공룡 그려진 티셔츠를 입을래, 반짝거리는 장식이 있는 티셔츠를 입을래?"

양치하기 싫어하는 자녀에게
"뽀로로 칫솔로 양치할래, 코코몽 칫솔로 할래?"

목욕하기 싫다고 꾸물거리는 자녀를 억지로 욕실로 데리고 가지 않고
"지금 목욕을 할까, 아니면 책 한 권 더 읽고 목욕할까?"

자녀가 누리는 자유 중 '선택하는 자유'는 '적절한 한계가 있는 자유'를 말합니다. 어린 자녀에게 너무 많은 선택지를 주는 것은 혼란을 줄 수 있습니다. 마치 대형마트에 가면 물건을 고르기가 더 어렵고, 불필요한 물건도 구매하게 되는 것처럼 말입니다. 자녀가 성장하는 속도에 맞춰 부모는 좀 더 자유롭고 다양한 선택을 할 수 있게 해주면 됩니다. 그것이 '적절한 한계가 있는 선택의 자유'를 제공하는 것입니다.

선택이 지혜로운 힘이 있는 부모의 특징이라고 하면 자녀에게 선택권을 주는 것만 생각하기 쉽습니다. 그러나 부모 자신부터 선택의 힘을 기르는 것이 중요합니다. 의미치료의 창시자인 빅터 프랭클 Viktor Frankl 은 '자극과 반응 사이에는 선택할 수 있는 공간이 있다'라고 말했습니다. 외부에서 나를 향해 들어오는 각종 자극에 어떻게 반응할지 내가 선택할 수 있다는 것입니다. 부모가 일상에서 크고 작은 문제를 만날 때 자기 생각과 감정을 선택하는 삶을 사는 것은 무척 중요합니다. 자녀는 부모의 뒷모습을 보고 자라는 존재니까요. 아무리 말로 "네 인생은 네가 선택하는 거야. 좋은 선택을 하며 살아야 한다."라고 해도 부모 자신이 경험하지 못한 것을 자녀에게 강조할 때는 그 말에 힘이 덜실립니다. 그리고 자녀는 부모의 말을 듣고 배우기보다는, 부모를 보고 배웁니다. 그래서 부모 역할이 어렵고 두려운 것이지요.

사람은 의지를 가진 존재입니다. 목적과 욕구를 가지고 능동적으로 선택할 수 있는 존재이고, 삶의 의미를 발견할 수 있는 존재입니다. 의지와 의미를 지닌 존재 자체로 생생하게 사는 부모가 자녀에게도 선택의 자유를 제공할 수 있습니다. 자신이 경험하지 못한 선택권을 자녀에게 주려면 얼마나 힘들겠습니까?

"내 부모는 이런 자유와 선택을 아는 분이 아니었다. 나는 어려서 그런 것을 경험해보지 못했다."

이렇게 말하는 젊은 부모가 정말 많습니다. 그러나 아직 실망하기는 이릅니다. 사람은 연약한 존재지만, 또 한편으로는 의미를 추구하고 의지를 가진 힘이 있는 생명체이기 때문입니다. 우리는 의미를 추구하고 발견하고, 또한 의지를 가지고 보다 나은 선택을 할 수 있는 존재입니다. 좋은 쪽을, 배운 것을 선택하면 됩니다. 내게 들어오는 자극과 눈앞에 일어나는 사건들에 자동 반사하듯이 작동하는 화, 짜증, 비난 말고 더 나은 선택지가 우리 앞에 놓여 있습니다. 자극과 문제를 두고 어떤 반응을 할지 선택할 공간이 있음을 기억해 주세요. 6초간 심호흡을 해보세요. 잠시 물 한 잔을 마시기 위해 그 자리를 떠나도 좋습니다. 감정의 자극으로 화를 내거나 낙심할 일이 있어도 심호흡을 하거나 물을 마시기 위해 자리를 뜨는 동안 반사적으로 나갈 말과 행동이 멈춰집니다. 합리적·이성적인 사고를 하는 뇌가 작동할 기회를 주세요

자극 → 자동반사   VS   자극 → (공간) → 반응

(자녀의 짜증, 화, 거친 말)   (자녀의 짜증, 화, 거친 말)
→ 부모도 바로 화내거나 절망   → 심호흡 6초, 물 한 모금
                                      마시면서 '다른 방법은 없나?'
                                      하는 생각, 다른 행동을 선택

지혜로운 힘을 가진 부모, 민주적인 부모는

1) 자녀에게 알맞은 한계 안에서 선택할 수 있는 자유를 제공합니다.

2) 부모 자신이 먼저 좋은 반응을 하는 선택을 연습합니다.

이 두 가지 선택을 기억해 주세요.

권위

"친구 같은 부모가 되고 싶어요."

"아이들과 사이좋게 지내고 싶어요."

"집안 분위기 험악하게 만들기 싫어요."

"내 부모와는 다른, 좋은 부모가 되고 싶어요."

이런 말을 하는 부모님에게 "부모는 권위를 가져야 합니다."라는 말을 하면 고개를 갸우뚱합니다. '권위'에 대해 다소 오해가 있어서 그렇습니다. '권위주의'와 '권위'를 혼용하는 경우가 있더라고요. 권위주의와 권위는 다릅니다. '권위'는 타인을 지휘하고 통솔하여 따르게 하는 힘, 구성원에게 인정받는 영향력을 말합니다. 가정에서는, 부모가 권위를 가지고 자녀에게 영향력을 끼칠 수 있어야 합니다. 그래야 훈육을 할 수 있고, 가정의 중대사를 결정할 수 있습니다. 그런데 '권위주의'는 다릅니다. 어떤 일에 있어서 자기 권위를 내세우며 지배하고 복종을 강요하는 구조를 만들었다면, 이건 권위주의입니다. 순종을 강요하는 행태지요. 경제적 능력을 내 세우거나, '내가 어른이니까, 내가 부모니까'라는 생각에 의존해서 자녀를 지배하고 복종을 강요하는 부모는 권위주의 부모입니다.

권위는 따르는 사람이 자발적으로 인정하고 함께해서 주어지는 좋은 의미이고, 사회 유지를 위해 꼭 필요한 요소입니다. 자녀와 친밀하기 위해 함께 시간을 보내는 것은 아무리 강조해도 지나치지 않습니다. 그러나 친밀한 관계와 친구 같은 사이는 다릅니다. 부모는 권위를 가진 양육자의 자리에 있어야 합니다. 부모는, 가정이라는 울타리를 튼튼하게 치고 자녀를 보호하고 양육하는 어른, 즉 권위를 가진 사람이지 같이 화내거나 우는 친구는 아닙니다.

　우리가 '권위'라는 단어에 '권위주의'를 떠올리고 불편해하는 이유는 대한민국 사회의 정치 경험 때문일 것입니다. "부모는 권위가 있어야 합니다."라는 말을 "권위주의적인 부모가 되세요."로 오해하는 거지요. 부모는 권위주의로 자녀 위에 군림하고 큰소리치는 사람이 아닙니다. 부모는 권위를 가졌고, 가져야 하는 사람입니다. 좋은 태도와 정중한 언어로 서로 존중하며 대화할 수 있는 권위자(어른)를 떠올려 보시겠어요? 그리고 그 권위를 가진 사람이 안전감을 제공하는 장면을 생각해보세요. 어떠세요? 안심되시지요? 건강하고 좋은 권위는 사회에도, 가정에도 꼭 필요합니다.

　이 개념을 설명하며 자주 사용하는 표현이 있습니다.

　'부부가 먼저입니다. 부부는 한 팀입니다.'

　앞서 부모는 부모이지 친구는 아니라고 말했듯이, 가정에서 부부가 한 팀이 되어 부모의 권위를 가지는 것이 먼저입니다. 부모가 권위와 주도권을 가지고 자녀의 몸과 마음이 건강할 수 있도록 양육하는 것이니까요. 부모는 자녀의 성장에 맞춰 확장하는 한계를 제공하는 사람입니다. 자녀는 마침내 부모와 함께했던 가정을 떠나 자신의 울타리를 가지게 되는 존재입니다. 부모는 잘 떠나보내기 위해 자녀를 보호하고 준비시키는 양육을 위한 권위를 신으로부터 위임받은 사람입니다. 이때의 권위는 전통적인 권위, 혹은 부모의 의무라고 보는 것이 더 정확할지도 모르겠습니다.

오늘날 부모의 권위를 말할 때 부모 스스로 "나는 권위를 가졌다." 해서 '권위가 생기는 것'이 아니라 자녀들의 인정과 존경으로부터 '권위가 생기는' 점을 강조하고 싶습니다. 가정 안에서 부모에게 주어지는 권위는 순서가 있습니다. 우선 부부가 서로의 생각과 표현의 자유를 인정해야 합니다. 다음은 자녀에게 선택의 자유를 제공하는 겁니다. 부모가 서로를 존중하고 가족 구성원 누구에게든 반사적으로 반응하지 않고 좋은 생각과 감정을 선택하는 노력을 할 때, 부모라서 그냥 생긴 권위를 뛰어넘어 자녀로부터 받은 권위를 가질 수 있습니다. 이렇게 좋은 권위, 자녀로부터 인정받는 권위를 가진 부모는 지혜로운 힘을 가진 어른이라고 말할 수 있겠지요.

경계선

부모는 자녀가 태어나 제일 먼저 만나는 존재, 가장 의미 있는 대상입니다. 자녀에게 부모가 매우 중요한 존재이듯, 부모에게 자녀 역시 배우자와 더불어 가장 중요한 관계이고 대상입니다. 그래서일까요? 부모-자녀는 모호한 경계선을 가질 때가 많습니다. 가장 가까운 관계인 가족이라는 이유로, 타인과의 관계였다면 서로 지켰을 선을 침범하는 일이 많이 있습니다. 지혜로운 힘을 가진 부모는 경계선을 지킬 줄 아는 부모입니다. 먼저 기억할 것은 '자녀는 타인'이라는 점입니다. 강의 중에 "자녀는 남입니다. 타인입니다. 그래서 부모-자녀 관계도 인간관계입니다."라고 말하면 끄덕이며 수긍하는 분도 있지만, 한 번도 '내 자녀가 남이다.'라고 생각해보신 적이 없어서 순간 움찔했다고 하는 분도 있고, 자녀가 떠날 존재이며 나와 다른 사람이라는 것을 머리로는 알아도 막상 '자녀는 타인입니다.'라고 정확하게 들으니 서운한 마음이 생겨서 눈물이 났다는 분도 있습니다.

아무리 부모여도 자녀의 **영역**을 마음내로 넘어가서는 안 됩니다. 어렵게 생각하실 필요 없습니다. 자녀가 갓난아기일 때 목욕을 준비하며 "우리 아기, 이제 목욕할 거야. 자, 팔 빼자. 얼굴도 닦고!" 하며 아직 언어로 의사 표현을 못 하는 자녀의 상황을 중계하듯 부모가 자녀의 감각과 감정을 반영해 줍니다. 그냥 말없이 무작정 자는 아이를 안아서 씻기는 것이 아니지요. 서너 살 아이가 종알대며 자기 놀이에 푹 빠져있을 때 부모는 놀이의 흐름을 끊지 않기 위해 잠시 지켜보기도 합니다. 그냥 아무 생각 없이 했던 일인가요? 그렇지 않습니다. 이 사소한 일상은 부모가 자녀의 경계선을 함부로 넘어서지 않는 작업으로 볼 수 있습니다. 그런데 참 재미난 현상이 있습니다. 어리고 여린 아이일 때는 이렇게 경계선을 지키며 자녀를 키운 부모도 자녀가 학령기에 들어가면 갑자기 경계선을 침범하는 경우가 많습니다.

"영어 수학은 필수야."
"이 학원이 좋다니 잠자코 다녀."

자녀가 자기를 찾기 위해 애쓰는 청소년-청년기에도 부모는 알게 모르게 자녀의 영역을 자주 침범합니다.

"그 학과 나와서 뭐 먹고 살래?"
"그래도 공무원 시험을 봐야지."

경계선을 침범하지 않는 것은 위에서 말한 목욕, 놀이처럼 작은 것부터 시작해서 자녀의 학원 선택이나 대학 진학 문제, 직업의 선택, 결혼과 같은 인생의 중요한 영역까지 확장됩니다. 결혼한 자녀에게 묻지 않고 반찬을 보내는 양가 어머니들이 계시지요? 미리 연락하지 않고 딸이나 아들 집에 방문하거나 비밀번호를 알려달라고 하는 어른도 주변에 있습니다. 그때마다 "우리 부모님은 왜 그러시나 몰라요. 아무리 싫다고 말해도, 하시지 말라고 해도 소용없어요. 좋게 말해도 본인 마음대로 하시니 이제는 화가 나요. 그런데 내가 화내도 그냥 들은 척도 안하시고 결국은 부모님이 하고 싶은 대로 하세요."라는 말도 들립니다. 장성한 자녀의 경계선을 마구 넘어가는 건 이런 겁니다.

"내가 내 자식 위해서 하는 건데 뭐가 문제냐? 나도 하느라 힘들지만 그래도 애들 생각해서 해주는 거다. 내가 하면 얼마나 더 해줄 수 있겠냐? 이거라도 해줘야 내 마음이 편하다."

"부모 자식 사이에 내 집 네 집이 어디 있냐? 자식 집이면 내 집이지, 가족끼리 무슨 미리 전화를 하고 가니?"

냉정하게 들릴 수 있지만, 부모와 자녀는 타인입니다. 그 안에 분명한 경계선이 있고, 서로 그 선과 영역을 지켜주어야 좋은 인간관계를 유지할 수 있습니다. 물론 부모가 자녀의 경계선을 함부로 침범하는 것을 경계하고 조심해야 하는 만큼 자녀 역시 부모에게 선을 지켜야 합니다. 많은 부모님이 자녀의 생각과 감정을 들어줄 수는 있는데, 선을 넘는 태도가 견디기 힘들다고 호소합니다. 평소 부모가 자녀에게 선을 지키며 정중한 태도를 보인다면 부모를 존중하지 않는 자녀를 향해 이렇게 말할 수 있습니다.

"내가 너에게 그렇게 무례하게 대하지 않잖니? 너도 나에게 예의를 지켜주면 좋겠다."

"네가 존중받아야 하는 소중한 존재이듯 부모인 우리도 그래. 이런 지나친 말과 행동은 견디기 힘들어. 우리가 너에게 그러지 않잖아. 이렇게 무례한 건 진짜 힘들다."

이런 대화의 예가 "교과서 중심으로 학교 공부를 충실하게 했더니 명문대에 합격했어요."와 같은, 뻔하지만 막상 내 일은 아닌 이야기처럼 들릴 수도 있겠습니다. 그러나 분명 효과가 있습니다. 중요한 것은 상호존중입니다. 부모는 자녀를 존중하며 경계선을 침범하지 않아야 합니다. 자녀의 영역으로 들어갈 때, 그 생각과 마음의 문 앞에서 잠시 숨을 고르고 노크하는 것을 생활화해야 합니다. 그럴 때 비로소 부모도 자녀에게 요청할 수 있습니다.

　자녀는 부모의 거울이라는 말이 있습니다. 거꾸로 부모가 자녀의 거울이라 자녀를 반영해 준다는 말도 있습니다. 그렇다면 부모 자녀는 서로의 거울이 되어주는 존재라고 표현해도 무방하겠습니다. 부모와 자녀 모두 미성숙한 사람이지만, 조금 먼저 태어나 인생을 배우기 시작한 부모가 자녀에게 선을 지키는 법, "잠시 너의 세계로 들어가도 되니?"로 전달되는 언어-비언어 메시지를 정중하게 보여준다면 거울이 똑같이 말하고 행동할 것입니다. 처음에는 부모만 경계선을 지키는 정중함을 보여주겠지만, 거듭하다 보면 자녀도 부모의 태도를 배우고 서로 존중하는 좋은 대인관계를 가정 안에서 이루고 살 수 있습니다. 물론 쉬운 일은 아니지만, 꼭 시도해야 할 일입니다.

갈등의 이유 세 가지 : 3기

1. 기질

기질은 타고난 결입니다. 고유하고 항구적이지요. 바뀌기 어렵습니다. 성향이 매우 유사해도, 또 너무 달라도 갈등이 있습니다. 기질이 매우 비슷한데 자주 싸우는 부부에게 "서로 이해가 잘 돼서 좋은 점이 많을 텐데요."라고 말했더니 손을 내저으며 말했습니다.

"아유, 아니에요. 너무 똑같아서 더 싫어요. 빤히 보이는데 그러니까요. 내가 저 속을 다 아는데 저러니 정말 꼴 보기 싫어요."

정반대인 부부는 흔하게 볼 수 있습니다. 길게 연애하고 결혼을 해도, 결혼생활을 이십 년 넘게 해도 여전히 배우자는 이해할 수 없다고 호소하는 분이 많습니다.

기질을 알면 부부, 부모-자녀 사이에 도움이 됩니다. 상대의 타고난 점을 이해하면 조금 너그러워질 수 있거든요. '배우자가 일부러 날 괴롭히는 게 아니다.', '우리 아이의 예민함은 타고난 거다. 살며 본인이 제일 피곤할 텐데 나까지 닦달하지 말아야지. 강점을 봐야지.'라고 마음을 다스릴 수 있으니까요.

꼭 기질 검사를 할 필요는 없습니다. '어떤 날은 정말 아이가 밉고 너무 힘들지만 그래도 내 자식이니 제일 예쁘다. 사랑한다.'라고 생각하는 부모는 정상 범위에 있는 겁니다. 이런 평범한 부모는 자녀를 잘 관찰하시면 됩니다. 우리가 누구를 잘 보면 그 사람을 알게 되잖아요. 알면 더 사랑할 수 있고요. 거꾸로도 가능합니다. 사랑하니까 알고 싶어집니다. 알고 싶으면 봐야 하고요.

'우리 아이는 언제 참지 못하고 터지는가? 아이는 언제 기분이 제일 좋은가?'

이런 사소한 것부터 관찰하시는 겁니다. 일어났는데 잘 웃는 자녀, 기분의 질이 높은 아이는 키우기가 좀 수월하지요. '아침에 일어날 때 빵끗 웃는 날이 더 많구나. 우리 아이는 타고난 기분의 질이 높구나.' 음식을 먹을 때도 가리지 않고 이것저것 덥석덥석 잘 먹는다면 '아이가 전반적으로 무던하구나.'하고 아는 겁니다.

한 가지 마음에 드는 게 생기면 그게 전부가 되는 아이들도 있지요. 기질상 하나에 꽂히면 매우 깊이 들어가고, 원하는 걸 손에 넣을 때까지 한 말을 또 하고 또 해서 귀에서 피가 나올 것 같은 기분이 들게 하는 아이도 있습니다. '우리 애는 기본적으로 원하는 걸 얻을 때까지 집요하게 이야기하네, 지속성이 높은 아이구나.'라고 자녀를 이해하면 됩니다. 그렇게 자신이 원하는 것을 꼭 해야 하는 자녀는 닥친 문제를 해결하고 다음 일과로 넘어가야 합니다. 꽂힌 것을 주지 않는 이유를 계속 설명하고 설득하려 하면 오히려 더 힘들어지는 걸 부모가 알고 양육 현장에 적용해야 합니다.

"왜 고집부리니?", "왜 혼자 그렇게 유별나고 예민해?", "어후, 엄마도 몰라, 계속 그럴 거면 네 마음대로 해!" 이런 지적과 포기의 말은 자녀를 변화시킬 수 없습니다. 자녀가 어떤 기질을 가졌든 일상에서 부모와 좋은 관계를 유지하는 게 가장 중요합니다. 그리고 부모의 좋은 권위에 순종하여 보호받고 안정감을 누리는 경험을 자주 하게 해주면 좋습니다. 함께 약속을 정했다면 꼭 지키거나, 지키려고 노력하는 모습을 보여주이야 합니다. 니쁜 기질은 없습니다. 다고닌 성향을 고치겠다고 마음먹으시면 안 됩니다. 부모의 좋은 양육 태도에 영향을 받아 자녀가 가진 강점을 꽃피울 수 있게 안내하는 것이 우리의 몫입니다.

2. 기술

기술은 의사소통 기술을 말합니다. 살면서 소통이 안 되어서 자꾸 갈등이 일어납니다. 잘 듣는 기술, 훈육의 기술은 자꾸 배우고 연습하는 겁니다. 대화의 기술이 좋아지면 갈등을 다루기 수월해집니다. 여기서 핵심은 의사소통 기술을 많이 안다고 갈등이 일어나지 않는 게 아니라,

갈등을 잘 다루게 된다는 것과 기술은 연습이 필요하다는 점입니다. 시중에 나와 있는 책이나 강의가 얼마나 많습니까? 그걸 다 따라 할 수 없습니다. 일단 한 가지만 연습해보면 됩니다. 부모교육 강의를 듣고 제일 효과가 좋은 사람은 '내가 배운 것 중 이거 하나는 꼭 하겠다.'라고 가장 와닿은 걸 흘려보내지 않고 야무지게 낚아채서 정말 해보는 부모입니다.

"이런 걸 배운다고 뭐가 달라지나요?"
"부모교육이나 의사소통 기술 이런 건 배울 때뿐이에요."
"책에 있는 걸 따라 한다고 애가 달라지나요, 책은 책이고 현실은 또 다르지요."

네, 맞습니다. 배운다고 바로 달라지지 않습니다. 들을 때는 금방 잘할 수 있을 것 같지요. 그러나 막상 해봐도 배우자도, 자녀도 크게 달라지지 않습니다. '왜 나만 이걸 하고 있나, 언제까지 하나?'라는 회의가 들기도 하지요. 좋은 소통 기술을 배우고 연습하지만 '잘 안 된다, 나만 하는 게 억울하다.'라고 토로하는 분에게는 이런 응원을 보내드립니다.

"그럼요, 억울하시죠. 해 봤자 변화가 안 보이니 답답하고 실망해서 다시 옛날로 돌아가게 됩니다. 열 번 중에 한 번 해보셨나요? 그 한 번이 대단한 겁니다. 시도해 본 본인을 칭찬해주세요. '아이고, 내가 애쓴다. 잘했다. 한 번 더 해보자. 한 번이라도 해본 게 어디냐? 다음엔 두 번 해보자!' 이렇게요.", "가족은 단순하게 1+1=2로 구성되고 직선으로 쭉 성과를 보이는 조직이 아닙니다. 한 사람의 변화가 다른 가족 구성원에게 크고 작은 영향을 미칩니다. 바로 눈에 보이지 않지만 해본 것과 그렇지 않은 것은 전혀 다릅니다. 자녀 양육은 하루 이틀하고 끝나는 게 아니잖아요. 긴 호흡을 가지고 해보세요."

3. 기대

상대를 향한 높은 기대가 갈등의 이유입니다.

"너 중학생이 하루에 이만큼도 공부를 안 하면 어쩌자는 거니?"
"이건 기본이잖아?"

기대를 안 하면 자녀가 망합니다. 자신에게 아무 기대를 하지 않는 부모와 사는 아이는 무력해집니다. 그러나 과잉기대 역시 자녀를 무력하게 만듭니다. 자녀를 가장 숨 막히게 하는 부모는 '완벽주의' 부모입니다. 무엇을 해도 부모의 기대를 만족시킬 수 없는 자녀는 더할 수 없는 벽을 만나면 자포자기해 버립니다.

상담 현장에서 만난 K씨는 명문대학과 대학원을 나온 전문직 여성입니다. 그런데 고도비만으로 직장을 그만두었습니다. 오피스텔에서 혼자 살며 하루에 세 번, 네 번 배달 음식을 시켜 먹습니다. 먹는 양도 어마어마합니다. 과거 사진을 보니 같은 사람이라고 믿을 수가 없었습니다. 상담 현장에서 K씨는 아빠 엄마 마음에 들어 칭찬받고 싶은 17살

여고생으로 보였습니다.

문제는 K씨가 부모님이 원하는 대학이 아니라 다른 명문대에 진학하며 일어났습니다. 좋은 대학과 학과에 진학해서 모두가 축하해 줄 때 부모님만 "우리나라에서 제일 좋은 서울대는 못 갔잖아."라고 말했답니다. 재수할 자신은 없어서 대학은 그냥 다니고, 대신 부모가 바라던 대학의 대학원에 진학했습니다. 부모님이 기뻐해 주었을까요? 아닙니다. 부모님은 "학벌은 학부를 기준으로 하는 거야."라고 했답니다. 아, 얼마나 처참한 기분이었을까요? 이후 국가고시에 합격하고, 좋은 직장을 다녔습니다. 그동안에도 부모님은 "아빠 회사 모 부장네 둘째 딸은 너보다 못한 대학 나왔는데도 애가 키도 크고 예쁘니까 아주 훤칠하고 직장도 좋은 사윗감을 데려왔다더라. 넌 소식 없니? 어떤 사람 만나니?"라고 물으셨습니다. 독립해서 혼자 살면 좀 나아질까 했는데, 혼자 지내니 그동안 쥐고 있던 긴장이 풀리면서 살이 찌기 시작했습니다. 주말마다 만나던 부모님은 "여자는 살찌면 끝이야. 너는 전문직 여성이 자기 몸 관리를 못 하니? 그러면 안 된다."하고 지적하기 시작하셨습니다. 결국, 부모님 집에 가는 횟수가 줄면서 스트레스를 푸는 통로가 점점 더 배달 음식이 되었습니다. 이해하기 어렵습니다. 똑똑하고 야무진 사람인데 어떻게 그럴 수 있냐고 반문할지도 모르겠습니다. 그런데 사람은 감정에 뿌리를 둔 존재입니다. 우리가 '합리적이고 이성적이다, 똑똑하다'하는 건 생각보다 대단한 수준이 아닙니다. 부모의 기대를 채워줄 수 없는 잘난 자식의 상심이 깊은 수렁으로 들어가서 쉽게 나오기 어려운 상황까지 간 겁니다.

자녀를 향한 기대 수준을 조금 낮춰주세요. 아이는 우리의 환상을 이루어 주려고 온 존재가 아닙니다. 자녀는 자라는 중이고 미성숙합니다. 부모인 우리도 여전히 성숙하려고 열심히 살고 있잖아요. 자녀를 향한 근거 없는 높은 기준은 사랑이 아니라 부모가 가진 불안일 가능성이 큽니다.

관계가 먼저입니다

먼저 부부 사이가 괜찮다면 자녀도 괜찮다고 봐도 됩니다. 자녀를 양육하며 순간순간 '어후, 저 녀석 왜 저러냐. 정말 힘들다.'라는 마음이 들 수 있습니다. 그런 생각이 들 때 먼저 확인할 것은 자녀의 증상이 아니라 '나와 자녀의 관계가 괜찮은가, 나와 배우사의 관계가 좋은기?' 입니다. 관계가 괜찮다면 그 증상에 너무 집요하게 집중해서 그걸 고치려고 하지 않는 편이 오히려 좋은 결과를 가져올 수 있습니다. 문제를 고치겠다고 그 증상에 매달릴수록 더 못 고칩니다. 상담 현장에서 20년 이상 수많은 부모와 자녀를 상담하신 스승님이 늘 하는 말씀입니다.

"자녀에게 문제가 있어서 부모가 해결하겠다고 데리고 왔을 때 그 증상을 고치려고 들지 말아라. 그 문제만 쳐다보면 절대 못 고친다. 우리에게 중요한 것은 관계다. '이 아이와 부모의 관계가 어떠한가, 부부 사이가 어떠한가, 나와 내 부모, 배우자와 그의 부모가 어떻게 관계를 맺고 살아왔는가'를 봐야 한다."

우리는 누구나 자라면서 정말 받고 싶었던 사랑과 인정을 받지 못한 결핍이 있습니다. 그리고 나의 그 결핍을 채워줄 만한 사람을 서로 끌어당겨서 사랑에 빠지고 결혼을 합니다. 막상 결혼해보니 어떤가요? 내가 원하는 사랑과 인정을 완벽하게 채워줄 수 있는 배우자는 지구에도, 우주에도 없습니다. 우리는 환상을 가지고 결혼을 합니다. 그러나 삶은 일상입니다. 자녀 양육도 그렇습니다. 자녀가 부모의 환상을 채워주기도 하지만, 자녀는 우리 환상을 채워주기 위해 태어난 존재가 아닙니다. 아이는 자기 인생을 살기 위해 이 땅에 온 유일한 존재입니다. 부모와 전혀 다른 타인입니다.

배우자와 이런 이야기를 나누는 것이 좋습니다.

"당신 어머니 아버지에게 어떤 사랑과 인정을 받았어요? 너무 받고 싶었는데 받지 못한 사랑과 인정이 있었나요? 부모님이 어떤 방식으로 당신을 대해 주길 바랐나요?"

우리는 서로에게 다 해줄 수 없습니다. 그러나 이런 이야기를 통해 상대방의 살아온 이야기를 알아가는 건 부부관계에서 매우 중요합니다. 자녀 양육의 열쇠이기도 합니다. 자녀의 문제 행동과 증상이 아니라 '관계'를 보는 핵심은, 평소에 부부가 '내가 나의 부모와 어땠지? 나는 어떤 가정에서 어떻게 자랐지?'를 먼저 생각하고 이야기하며 자신을 알아가는 기본을 닦는 겁니다. 기본이 탄탄하면 삶의 문제로 조금 삐걱거리거나 넘어져도 다시 일어날 수 있습니다. 그래서 부부가 먼저이고, 관계가 먼저입니다.

자녀에게는,

불완전해서 고민하며 매일 같이 사는

현실 부모가 '이만하면 괜찮은' 부모입니다.

육아가 힘들지 않다고 호언장담하며

모든 것을 거뜬하게 해내는 부모보다,

자녀에게 더 잘해주고 싶지만 자기 한계로 인해

어쩔 수 없이 적절한 좌절을 줄 수밖에 없는 부모,

그리고 돌아서서 눈물을 닦기도 하는

평범한 부모가 '충분한' 부모입니다.

Chapter 2

누가 문제의 주인인가?

"가족은 화목해야지요."

"저는 가족이 제일 힘들어요."

"가화만사성 家和萬事成 이라는데, 우리 집은 하루도 조용할 날이 없어서 큰일입니다."

"애들만 조용하고 문제 안 일으키면 집이 평안할 텐데, 일주일이면 5일은 시끄러워요."

부모교육 현장에서 자주 듣는 말입니다. '문제없이 조용히 좀 살고 싶고, 집에서 편히 쉬고 싶은데, 집이 제일 시끄럽고 힘들다, 자녀가 매일 문제를 일으킨다.'는 이야기를 많이 듣습니다. 일단 두 가지를 생각해보겠습니다.

첫 번째, 가정은 타인이 모여 사는 공동체입니다. 가족의 시작인 부부도, 출산·입양으로 이루어진 부모-자녀도, 구성원 모두 개별적인 존재입니다. 개인이 모여 가족 공동체를 이룹니다. 그렇다면 저마다 다른 생각과 다른 목소리를 내는 사람들이 모여 있는 곳에서 발생하는 크고 작은 문제들이 가족 안에서도 계속 일어나는 건 어쩌면 당연할지도 모릅니다.

둘째, 가족은 화목해야 한다는 것이 환상입니다. 문제가 없는 사람은 없습니다. 사람은 일평생 문제를 다루며 살아가는 존재입니다. 게다가 가족은 자신들이 남이라고 생각하지 않고, '우리는 가족'이라는 표어 아래 더 많은 것을 함께하려고 합니다. 그렇다면 그만큼 갈등의 소지가 다분하다는 것을 미리 기억하면 좋겠습니다. 서로 관심이 없는 사람들 안에는 갈등이 없습니다. 그래서 사랑의 반대말이 미워하는 것이 아니라 무관심이라는 말이 있지요. 한 지붕 아래 살고, 같이 밥을 먹고, 꽤 많은 시간을 보내는 사이에 문제가 생기는 것은 자연스러운 일이라고 생각한다면 조금 더 편하게 부모-자녀의 문제도 들여다볼 수 있지 않을까요?

지혜로운 힘을 가진 부모가 문제를 대하는 방법을 소개하겠습니다. 문제의 주인이 누구인지 그 소유를 가리고 거기에 맞게 접근하는 건데요, 대표적인 부모교육 프로그램인 적극적인부모역할훈련 Active Parenting: AP부모교육 과 효과적인 부모역할훈련 Parent Effectiveness Training: P.E.T. 에서 모두 이 개념을 소개합니다.

살면서 문제가 없을 수는 없습니다. 어느 상담학 교수가 "문제없는 사람도 있긴 있어요. 모두 무덤 속에 있어서 그렇지요."라고 뼈 있는 농담을 하는 걸 들은 기억이 납니다. 부모-자녀는 꽤 긴 시간 함께 살고, 분명 사랑하는 사이입니다. 그러나 하루에도 몇 번씩 문제가 발생하기도 합니다. 문제없이 고요하고 마냥 화목하기만 한 가정은 환상 속에 존재할 뿐입니다. '문제를 어떻게 다루느냐'에 관심을 기울이고 양육의 지혜와 기술을 배우는 것은, 꽃길만 걷기를 기대하는 환상을 일상으로 가지고 내려오는 작업이라는 생각이 듭니다. 일상에서 문제의 주인을 찾는 방법은 제일 먼저 "이것이 누구의 문제인가?"라는 질문을 하는 것입니다.

1   누구의 문제인가?

'문제가 누구의 것이냐'는 질문이 다소 생소할 수 있습니다. 이는 '누가 문제의 주인인지, 누가 주도권을 가지고 해결해 가는지'를 알 수 있는 열쇠 같은 질문이라고 생각하면 좋겠습니다. 그리고 이어서 다음 질문을 하는 겁니다.

"이 문제 상황에서 누가 제일 불편한가? 견디기 힘들어서 불평하는 사람은 누구인가?"
(부모의 문제)

"이 문제는 안전과 건강, 그리고 양보할 수 없는 규칙과 가치관을 포함하고 있는가?"
(부모의 문제)

"우리 자녀는 이 문제를 스스로 해결할 수 있는 나이인가? 해결할 만한 역량이 있는가?"
(자녀가 해결할 나이이고 능력이 있다면 자녀 문제)
(아직 도움이 필요한 시기라면 부모-자녀 공동의 문제)

문제를 일으킨 장본인이 문제를 소유하고 해결해야 하는 때도 있지만,

반드시 그런 것은 아닙니다. 가장 흔한 예로, 자녀의 방이나 책상이 지저분할 때 자녀는 그 상황이 아무렇지 않고 좀 더러워도 자기 물건을 잘 찾아서 사용합니다. 그 방에서 뒹굴고 놀아도 감기도 안 걸리고, 쌩쌩해서 별생각이 없지만, 그걸 보는 부모가 매번 '정말 더러워서 살 수가 없네. 쟤는 저 속에서 공부가 되나? 저러다 먼지가 뭉쳐져서 공처럼 굴러다니겠어. 더러운 공간에서 뒹굴다가 건강이 안 좋아지는 건 아닐까?'라는 생각으로 마음이 불편할 수 있습니다. 이 경우, 문제는 자녀가 만들었지만, 문제를 소유하는 쪽은 불편해서 견디기 힘든 부모입니다.

안전과 건강, 양보할 수 없는 중요한 가족의 규칙과 가치관의 문제는 부모가 문제를 소유해야 하는, 즉 양육자인 부모가 주도권을 가져야 하는 영역입니다. 양치나 목욕, 손 씻기 등이 거기에 해당됩니다. 양보할 수 없는 규칙이나 가치관은 가정마다 다를 겁니다. 어떤 부모는 자녀가 일찍 자고 일찍 일어나는 습관이 책을 많이 읽거나 늦게까지 공부하는 것보다 더 중요할 수도 있고, 종교가 있는 가정에서 평소에는 절에 안 가도 석가탄신일만큼은 반드시 온 가족이 절에 가야 한다거나 일요일 오전에는 꼭 예배에 참석해야 한다는 규칙은 양보할 수 없을 수도 있습니다. 정직이 최선이라는 가치관을 가진 부모도 있을 거고, 20세가 될 때까지는 자녀가 반드시 부모와 함께 살며 삶을 대하는 태도를 배워야 한다고 생각하고 지키려는 부모도 있을 수 있습니다. 세상을 보는 가치관은 부모마다 다르고, 이것을 자녀에게 가르치고 전달하려는 바람도 가정마다 다를 겁니다. 따라서 이 문제는 각 가정에서 부모가 주도권을 가지고 좋은 가치관과 양보할 수 없는 가족의 큰 규칙, 삶의 바른 태도를 자녀 세대에게 전수하고 싶은 '부모 문제'입니다. '부모의 과제'라고 이해하셔도 좋습니다. 그런 부모 소유의 문제를 어떤 태도로 자녀에게 이야기하는 것이 바람직한지 이번 장에서 함께 살펴보겠습니다.

자녀가 스스로 문제를 해결할 수 있는 나이이고, 몸과 마음에 힘이 있다면 자녀가 문제를 소유하도록 부모는 조금 떨어져서 지켜보면 좋습니다. 자녀가 이야기할 때 잘 듣고 격려자의 역할을 담당하는 거지요. 반대로 자녀가 어려서 아직 혼자 해결하기 어려운 일이라면 부모가 사안에 따라 문제 일부를 소유해서 개입하고 도움을 줄 수 있습니다.

2   부모 문제

부모가 문제를 소유하는 경우를 조금 더 구체적으로 살펴보고, 그에 따른 접근방법을 찾아보겠습니다. 부모교육 강의를 할 때였습니다. 부모가 문제를 소유했을 때 주도권을 가지고 문제를 해결하면 된다고 말씀드려 왔는데, 미술치료사이자 두 자녀의 어머니인 수강생이 질문했습니다.

"부모인 내가 불편해서 개입하고 가르치는 문제도 있겠지만 그냥 정말 순전히 내 문제인 경우도 있지 않나요? 자녀에게 훈육할 일이 아니고, 부모 자신이 가진 그냥 자기 문제요. 그건 어쩌죠?"

오롯이 부모 문제 (오직 부모 자신의 문제)

부모-자녀의 관계 속에서 발생한 문제이지만 오롯이 부모 자신이 문제인 경우도 있습니다. 자녀에게 뭐라고 말하기 전에 부모 자신이 '나는 왜 이 일이 이토록 불편할까? 나는 지금 왜 심하게 짜증이 날까? 이렇게 극도로 화가 나는 게 맞나?'라고 반문할 만한 문제가 여기에 속합니다. 이 문제를 어떻게 구분하고 다룰 수 있냐는 질문에 이렇게 답을 드렸습니다.

"남들은 그냥 지나갈 수 있는데, 나만 유독 걸리는 문제가 있습니다. 내 상처 때문에 지나갈 수 없는 일이지요. 자녀에게 무어라 말하고 훈육하려고 하기 이전에 내 마음을 들여다봐야 하는 그런 거요. 한번 생각해보시고 스스로 물어보세요."

"다른 부모는 '애들이 그러면서 크는 거지. 기다리면 된다.'는 식으로 지나갈 수 있는 일이거나, 쉼을 누리면 회복할 수 있는데 나는 도저히 안 되는, 견딜 수 없는 한 가지는 무엇인가요?"

이 문제는 부모 자신의 인생 경험으로 이루어져 있습니다. 어린 시절의 상처 때문에 걸리는 부분일 수도 있고, 본인이 강력하게 믿고 있는 어떤 신념에 반해서 타협할 수 없고 견딜 수 없는 문제일 수도 있습니다. 위의 질문에 교육과 상담 현장에서 만난 부모들은 다음과 같은 답을 했습니다. 읽으면서 본인의 답도 한번 찾아보시길 바랍니다.

"공평한 거요. 어려서 배다른 형제들 속에서 컸어요. 그러다 보니 부모가 나를 공평하게 대하냐 아니냐가 너무 중요하더라구요. 결혼하고 자녀를 낳고 키울 때도 아이들이 아빠엄마가 자기들을 똑같이 사랑한다고 느꼈으면 좋겠다고 생각했어요. 애들이 학교에 다녀왔을 때 하루는 "담임 선생님이 반 아이들을 모두 공평하게 대하냐?"고 물어봤어요. 사람을 공평하게 대하지 않는 걸 보면 견딜 수가 없고, 속에서 천불이 나요. 정작 애들은 아무 생각이 없는데, 애들이 학교에서 조금이라도 그런 일을 겪으면 물불 안 가리게 되고, 배우자나 부모님이 그런 태도를 보여도 화나고 눈물 나서 죽겠어요."

"비굴함이요! 냉정하고 기대치가 높은 엄마를 만족시켜 드리려고 애를 많이 썼는데 결과적으로 잘 안 됐어요. 엄마가 저에게 실망하는 모습을 보면, 전전긍긍하며 엄마 마음을 풀어드리려고 장문의 편지를 써서 자는 엄마 머리맡에 두고 나오곤 했어요. 다음날 엄마가 그 편지를 읽고 마음이 풀리셨는지 엄마 기분을 살폈고요. 그때는 그래야 하는 줄 알고 했는데, 결혼하고 자식 낳고 살다 보니 '어려서는 엄마 비위를 맞추고, 결혼하니 남편 기분에 자식들 비위까지 맞추고 살아야 하네. 너무 비굴하다.'라는 생각이 들어요. 남편이나 애들이 자기 비위 맞춰주면 좋아하고, 아니면 나에게 삐치는 것처럼 느껴져요. 그럴 때면 못 견디게 화가 나요."

"바르고 고운 말이요. 친정 부모님이 모두 선생님이셨어요. 아빠는 고등학교 국어 선생님에 교장으로 정년퇴임을 하셨는데, 항상 바르고 고운 말을 써야 한다고 강조하고 또 강조하셨거든요. 비속어를 썼다가 오빠가 뺨을 맞는 걸 본 적도 있어요. 그런 아버지가 좀 답답하고 융통성 없다고 생각했었는데, 저도 부모가 되고 나니 아이들이 조금이라도 제 기준의 바르고 고운 말을 안 쓰고 요즘 유행하는 줄임말이나 은어를 사용하면 그 시절 친정 아빠가 냈던 화의 배는 더 내요. 애들이 그럴 수도 있는 거잖아요. 근데 저는 그게 안 되네요. '이건 절대 하면 안 되는 건데 내 자식이 하고 있네.' 이런 생각이 들면서 마구 혼을 내요."

"아이들이 아프거나 다치면 이성을 잃어요. 어른들이 '애들은 아프면서 크는 거야.'라고 말씀하시면 저도 모르게 속에서 욕이 나와요. 좀 아플 수도 있고, 놀다 보면 다칠 수도 있는 건데, 저는 애들 감기가 일주일 넘어가면 그때부터 제가 견딜 수 없이 고통스러워서 울고 난리가 나요. 선생님 이야기를 듣고 '대체 내가 왜 그러나?' 하고 저를 들여다봤어요. 사실 제 동생이 어려서 병을 앓고 장애 판정을 받았어요. 엄마가 너무 많이 우시는 걸 옆에서 지켜봤고, 저는 좀 일찍 철이 들었죠. 그런데 그렇게 철든 줄 알았던 제가, 애들이 아프면 '그럴 수도 있다. 약 잘 먹고 쉬게 하자.'가 아니라 '큰일 났다.'라는 마음이 들면서 소위 말하는 정신줄을 놓네.'

더 많은 답이 있었지만 가장 인상적인 몇 가지를 적어보았습니다. 오롯이 부모 자신의 문제로 힘들다는 이야기를 들으면 마음이 아플 때가 많습니다. 자녀가 학교에서 조금 불공평한 처우를 당했다고 불평할 때,

부모는 잘 들어보고 자녀가 헤쳐 나갈 수 있는 일이라면 자녀 스스로 문제를 해결하도록 격려하면 됩니다. 교사가 좀 심하게 치우쳐서 자녀의 몸과 마음에 상처를 남기는 수준이라면, 자녀가 해결할 수 있는 영역 밖이니 부모와 자녀가 공동으로 문제를 소유하는 합동작전이 필요합니다. 그러나 공평의 문제가 부모에게 견딜 수 없는 자신의 문제로 존재하는 경우, 부모가 오롯이 자기 문제로 끌어안고 너무 고통스러워해서 자녀가 더는 부모에게 도움을 요청할 수 없게 만들 수도 있습니다. 반대로 자기 문제에 빠진 부모가 이성을 잃고 학교에 찾아가 크게 소리를 지르는 행동을 할 수도 있지요. 두 경우 모두 문제 해결보다 가족 전체가 더 힘들어지는 결과를 초래합니다.

영유아 자녀를 둔 부모 중에는, 아이의 양치나 목욕으로 저녁마다 힘겨루기를 하고 진이 빠진다는 호소를 하기도 합니다. 건강 문제는 부모가 주도권을 가지고 가르치고 안내해야 할 일입니다. "자기 전에 양치해야 해, 어떤 칫솔로 할래?" 하고 선택권을 주어서 칫솔을 골라 양치를 하면 되는 다소 가벼운 부모 소유의 문제지요. 그런데 '내가 이런 짓을 하면서까지 양치를 시켜야 해?'라고 부정적으로 생각하는 부모도 있습니다. 이 부정적인 생각이 비굴함이라는 감정으로 이어지며 "관둬, 이 다 썩고 치과 가서 아파봐야 정신 차리지. 그래도 난 몰라. 네가 양치 안 해서 그러는 거야."라고 말하거나, 힘으로 자녀를 제압하고 억지로 양치질을 시켜서 자녀와 부모 모두 기분이 상하기도 합니다. 이는 자녀의 치아 건강을 지켜주려는 본래의 목적을 놓치는 결과를 가져올 수 있습니다. 부모가 평소 '비굴함'이라는 감정을 유독 견디기 힘들어하는 사람이라면 이런 일이 생기는 거지요.

　자녀는 자라며 또래들이 사용하는 비속어나 욕설을 할 수도 있습니다. 미성숙하니까요. "그게 좋은 말은 아닌 거 알지?"라고 질문을 던져서 좋은 언어생활을 권장하거나 좀 심한 욕을 대수롭지 않게 하는 초등학교 고학년 이상 자녀에게는 욕의 어원 몇 가지를 설명해 주면서 "이런 뜻인데 알고도 자주 사용할 수 있겠어? 듣는 사람도, 이 욕을 하는 사람도 좀 그렇지? 친구들이 하니까 너도 한 번씩 할 수 있겠지. 그래도 뜻을 알고 좀 자제하거나 집에서 동생이 듣는 데서는 하지 않았으면 좋겠다." 등의 훈육으로 마칠 수 있는 일입니다. 바른말을 사용하지 않았다고 부모가 너무 심하게 화를 내거나 자녀를 때리는 것은 좀 지나친 처사입니다.

　자녀가 자라며 아프거나 나칠 수 있습니다. 물론 병원에 자주 안 가고 몸도 마음도 건강하게 자라주면 더 바랄 것이 없습니다. 그러나 한 번도 안 아프고 크는 자녀가 어디 있습니까? 부모가 경험했던 자신의 상처가 지금 자녀 양육을 하는 동안 문득문득 올라와 과한 반응을 하게 한다면 이것은 정말 부모가 자신의 마음을 알아차리고 쓰다듬고 가야 하는 지점입니다. 자녀에게 무어라 말하기 전에 부모가 자신을 알고 애도하는 시간을 가져야 할 부분이지요..

　'아, 내가 그렇구나. 내가 그랬지. 아유, 나 좀 힘들었어.'

이런 생각을 해도 좋고, 어깨부터 손까지 쓸어내리며 "고생했다. (자신의 이름을 부르며) 고생했어. 여기까지 오느라 애썼다. 이제 괜찮아. 알고 인정했으니 여기부터 다시 시작이야. 새롭게 된 거야."라고 소리 내어 말하면 더 좋습니다. 우리 뇌는 자기 목소리를 가장 잘 인식하니까요.

부모가 문제의 주인: 개입하고 훈육하기

자녀는 크게 불편하지 않은데, 부모 눈에는 거슬리고 스트레스를 받는 일이라서 자녀에게 정중하고 구체적으로 부탁하거나 명료하게 가르쳐야 할 문제가 있습니다. 일상에서 일어나는 소소한 문제지만, 자주 일어나서 결국 큰 소리가 나는 일이 집집마다 있습니다. 예를 들면 초등학교 저학년 자녀가 식사 시간에 꾸물거리거나 돌아다니는 문제, 좀 더 큰 자녀의 경우 스마트폰이나 책을 보며 식사하는 것, 간식 먹고 그릇이나 과자·아이스크림 봉지를 제때 치우지 않아 방과 거실을 더럽히는 행동, 스마트 기기를 이용할 때 약속 시간을 자주 어겨서 결국 큰 소리가 나는 경우 등이 있지요. 자녀와 함께 시간을 보낼 때 너무 자주 경험하는 일입니다.

안전이나 건강을 위협하는 문제라서 부모가 반드시 문제를 소유해야 할 일들도 있습니다. 주차장에서 자전거를 타거나 쇼핑몰에서 소리내며 뛰어 타인에게 피해를 주는 행동, 땀 흘리고 난 뒤에도 씻지 않으려고 하는 것, 자기 전에 양치 안 한다고 버티거나 울기, 몸이 아픈데도 병원에 가는 것이 두렵다고 버티는 경우도 여기에 들어갑니다. 자녀가 아직 어리거나 일을 해결할 능력이 부족해서 부모가 조금 개입해야 할 문제, 터울이 많이 나는 자녀 간의 다툼이나 또래 집단에서의 따돌림과 같이 힘의 균형이 전혀 맞지 않아 자녀가 혼자 감당하기 어려운 일도 부모가 문제를 소유해야 합니다.

부모가 문제의 주인이 되어 개입하고 훈육할 때, 부모의 양육방식과 그 유형에 따라 다음과 같은 반응을 볼 수 있습니다.

내가 옳은 부모 :
"말 좀 들어!", "아빠 엄마가 시키는 대로 해!"
(화를 내며 벌주기. 억지로 하라고 명령하기)

힘이 없는 부모 :
"하지 마, 제발 그러지 마.", "가서 네가 잘 좀 해."
(자녀에게 부모 자신의 힘든 감정을 토로하기)

자녀는 알아서 큰다고 생각하는 부모 :
"아유, 모르겠다. 네가 알아서 해라. 다 그러면서 크는 거지 뭐."
혹은 아예 일이 일어난 것 자체를 모르는 상황
(방임하는 자세를 유지)

'지혜로운 힘을 가진 부모'는 문제가 발생했을 때, '지금 이 일로 누가 가장 불편한가?', '건강과 안전, 그리고 양보할 수 없는 중요한 가치관과 규칙을 다루는 문제인가?', '우리 아이가 이 일을 스스로 해결할 수 있을 만큼의 나이이며 힘이 있는가?'라는 문제 소유 가리기 질문을 먼저 합니다. 부모가 문제를 소유했다고 알아차리면, 적절하게 개입하고 훈육합니다. 이때 중요한 점은 자녀를 혼내는 것이 아니라 훈육, 즉 가르친다는 것입니다. 혼쭐을 내서 자녀가 부모의 말을 듣게 만드는 것이 아니라, 아직 미성숙한 자녀에게 이와 같은 문제 상황에 어떻게 대처하는 것이 바람직한지 부모가 몇 가지 단계를 거쳐 알려주는 과정이 훈육입니다.

바람직한 훈육

부모는 자녀가 우리 사회에서 건강하게 자기 몫을 하는 사람으로 자라도록 가정에서 보호하고 준비시켜야 하는 사람입니다. 그게 부모의 역할입니다. 자녀를 잘 키우기 위해 꼭 기억해야 할 두 가지가 있다고 생각합니다. 하나는 내 자식과 남의 자식 가리지 말고 자라는 아이들에게 사랑의 눈빛을 보내주는 겁니다. 내 자식이 귀하고 잘 크기를 바란다면 한 부모 가정, 조손 가정, 어려운 환경에서 자라는 아이들, 아동양육시설에서 크는 아이들 모두 다 잘 자라도록 마음을 써야 합니다. 그 아이들이 모두 사회에 나와 소중한 내 자녀와 함께 어울려 산다는 것을 기억해야 합니다.

두 번째는, '정서적 마동석'이 되는 겁니다. 매우 듬직하고 웬만한 타격에는 꿈쩍도 하지 않는 배우 마동석씨를 떠올려 보세요. 덩치도 크고 타격감을 별로 안 느끼는, 든든한 어른이 정서적 마동석입니다. "그래, 들어와, 들어와, 어디 한번 해봐라. 네가 세상에 태어나 아직 모르고 무서운 게 많지? 그래, 미워하고 좋아하고 한 번 느껴 보고 표현도 해봐라. 네 안에 있는 공격성, 창조성도 꺼내서 보여주고 한 번 태어난 인생이니 네 삶을 살기 위해 많은 시행착오를 거쳐보렴. 우리는 네 보호자야. 네 부모야. 우리는 어른이다. 네가 아무리 꽥꽥거려도 우리는 크게 타격을 안 받는다. 우리는 안전한 어른이야."라는 언어와 비언어 메시지를 아이들에게 줄 수 있는 만만하지 않고 믿을 만한 어른이 되어주세요. 넉넉하고 든든하게 버티는 어른이 많을수록 우리 자녀 세대가 잘클 수 있습니다. 아이들의 좌절이나 슬픔, 분노에 어른이 더 크게 화를내거나 몹시 좌절하면 아이들은 그 어른을 믿기 어렵습니다. 수시로 사건·사고가 터져도 힘이 있는 어른이 튼튼한 존재로 버텨 주어야 아이들이 안도감을 느끼고 실수를 통해 인생을 배울 수 있습니다. 꼭 기억해주세요, '정서적 마동석'! 자녀가 수시로 속상하게 하지만 어쨌거나 크는중인 아이입니다. 우리가 어른입니다.

자녀가 몸도 마음도 건강하게 자라서 사회의 구성원으로 자신의 의무를 다하고 권리를 주장하는 사람이 되기를 바라는 게 부모 마음입니다. 그렇게 자라도록 넉넉하고 안전한 울타리를 쳐주는 게 부모 역할입니다. 되는 것과 안 되는 것을 가르쳐주고, 좋은 가치관을 전수하기 위해 말과 행동이 일치하는 삶을 살아 보려고 애쓰면 충분합니다. 훈육은그 과정에서 피할 수 없는 부모 고유의 영역입니다.

자녀의 문제 행동에 의연하게 대처해주세요. 의연한 부모, 넉넉하고 힘이 있는 부모가 되라는 것은 훈육을 안 하고 마냥 '오냐, 오냐'를 해주라는 의미가 아닙니다. 자녀보다 더 화를 내고 협박을 하거나, 머리를 싸매고 누워서 '내가 무슨 낙으로 사냐', '정말 절망이다.'라고 낙심하고 두려워하면 안 됩니다. 현재의 내 자녀 위치와 문제 상황을 직면하고 인정하고 가르치는 게 바람직한 훈육입니다. 조금 냉정하게 들릴 수 있지만, 문제가 발생했을 때 분노하고 소리 지르는 부모, 자녀의 고통이나 문제 행동을 모두 내 것으로 여기고 죄책감이나 슬픔에 빠져 합리적인 사고가 어려운 부모는 자녀를 불안하게 만듭니다. 훈육의 목표는 '미성숙한 자녀가 자기 인생을 살며 수시로 일어나는 문제를 다룰 수 있도록 가르치는' 데 있습니다. 먼저 폭발하거나 좌절하는 부모를 자주 경험하는 자녀는 '내가 이러면 큰일 나는구나. 그냥 조용히 살아야겠다. 나라도 아빠 엄마 힘들게 하지 말고 가만히 있자.'라는 거짓 모습으로 사는 방법을 배울 뿐입니다.

훈육: 혼내는 게 아닙니다

훈육은 단호하지만 정중하게, 바로 실천에 옮길 수 있도록 자녀에게 부모가 원하는 올바른 행동을 명확하게 가르치며 시작합니다. 훈육을 '따끔하게 혼을 내서 정신 차리고 다음에는 제대로 하게 하는 것'으로 생각하는 부모에게는 '이게 무슨 훈육이야?'라는 물음을 던져줄지도 모릅니다. 단번에 그릇된 행동을 고쳐주고 싶은 마음은 이해합니다. 그러나 자녀는 한 번에 제대로 고칠 수 있는 기계가 아닙니다. 마음의 여유를 가지는 게 먼저입니다. 자녀가 부모의 품에서 적게는 20년, 요즘 조금 늦게 독립하는 추세를 생각하면 30년은 머물러 있습니다. 시간은 부모 편입니다. 자녀가 부모 영향력 아래에 거하는 시간도 20년, 30년으로 길고 자녀의 인생 또한 깁니다.

부모인 우리도 철없고 말 안 듣던 시기를 지나왔고, 지금도 실수와 실패를 거듭하지만, 다시 일어나서 걷는 인생 여정 중에 있지 않습니까? 그러니 '단번에 이 문제를 해결해서 두 번 다시는 못 하게 해야지. 다음부터는 똑바로 말하고 행동하게 해야 해!'라는 비장한 각오를 조금 접어두시면 좋겠습니다. 강의 때 "비장함을 버리세요. 빨리 잘하게 하고 싶은 조바심이 생기거든 병원에서 아이 나이를 몇 년 몇 개월로 말하듯 그 나이로 아이를 보세요. 그러면 "너 학교 입학했는데 왜 이걸 못 하는 거니?"가 아니라 '고작 6년 몇 개월, 7년 몇 개월 살았구나. 아직 어리구나.' 하는 생각이 들 겁니다. 부모 품에서 친친히 하나씩 가르쳐 줄 시간이 많습니다."라고 말하면 고개를 끄덕이고 웃는 부모가 대다수입니다. 마음의 여유를 가져보세요. 자녀는 아직 어립니다. 우리에겐 시간이 있습니다.

명확하게 가르치기

훈육의 첫 단계는 자녀를 비난하거나 평가하지 않고, 그저 문제 상황을 있는 그대로 말하고, 자녀가 실천할 수 있는 바람직한 행동을 구체적으로, 정중하게 말하는 것입니다. 명료하게 가르쳐주는 것이 훈육의 시작입니다. 정보를 주고 바른 언행을 알려주면 됩니다.

"성우야, 축구하고 땀이 많이 났으니 바로 욕실로 가서 목욕하고 나오렴."

"재정아, 양말 벗을 때 거꾸로 벗어서 바닥에 놓지 말고, 바르게 벗어서 빨래통에 넣어."

"웅아, 네 방 책상 아래에 과자부스러기가 많다. 학원 가기 전에 책상 아래를 물티슈 두 장으로 깨끗하게 닦아."

"진웅아, 우리는 네 부모지 친구가 아니야. 예의 바른 태도로 말해라."

vs

"아유, 땀 냄새. 그러고 방에 들어가고 싶니? 얼른 가서 씻어."

"매번 그렇게 양말을 거꾸로 벗는 거냐? 빨 때 뒤집는 사람 따로 있냐?"

"아주 그냥 더러워 죽겠다. 저게 방이냐 돼지우리냐? 어지르는 놈 따로 있고, 치우는 사람 따로 있니? 빨리 가서 치워!"

"어디 부모에게 눈 똑바로 뜨고 대들어?"

부모가 봤을 때 수정해야 할 자녀의 말과 행동만 이야기한 것과 자녀 자체를 두고 비난하거나 부모의 감정 섞인 말을 할 때의 차이가 느껴지시지요? '하는 짓마다 마음에 안 든다', '너는 왜 그러냐?', '더럽다.', '내가 너 때문에 너무 힘들다.' 이런 비난과 평가는 상대를 지적하며 '너는 글러 먹었다.'라는 메시지를 전달합니다. 저는 그런 말을 '정서적 삿대질'이라고 표현합니다. '지적하는 말에서 벗어나 구체적으로 행동으로 옮길 수 있도록 명료하게 가르치는 것이 훈육의 시작'이라고 소개하면 너무 점잖아서 당황스럽다는 반응도 있습니다. "이런다고 말을 듣겠어요? 선생님 애 낳아서 키워보셨어요?"라고 반문하는 경우도 있습니다. 그럴 때는 이렇게 대답합니다.

"네, 말 안 듣고 내 생각과는 너무 달라서 적응이 안 되는 막강한 자녀를 세 살 터울로 세 명 키우고 있습니다. 본래 자신에게 가장 힘든 분야가 상담 전문 영역이 된대요. 제가 오죽하면 부모교육과 상담을 하게 되었겠어요. 그런데 우리처럼 '이게 될까?' 하는 부모도 있지만 "이렇게 정중한 요청과 명료하게 가르치는 작업을 몇 번쯤 반복하실 수 있으세요?"라는 질문에 "저는 애가 바르게 할 때까지 화 안 내고 계속 말해요. 애들이 본래 말 잘 안 듣잖아요. 그래도 화 안 내고 좋게 말하면 결국 하더라구요."라고 답하는 인내심 강한 놀라운 부모도 만났습니다. 모두 그렇게 될 수는 없지만 그래도 열 번 해서 한 번 성공하면 또 해보며 양육 기술 수준을 높여가는 게 좋지 않겠습니까? 내가 자녀를 대하는 삶의 방식으로 아이들도 세상에 나가 대인관계를 맺으며 살 테니까요."

부모의 요청에 금방 "네"하고 부모가 이야기한 방향으로 말과 행동을 수정하는 아이가 많지 않습니다. 그러니 훈육의 첫 단계에서 자녀가 바로 응했다면, 부모가 그 순간을 놓치지 않고 "고마워"라고 말하는 게 참 좋습니다. '애가 당연한 일을 했는데 어떻게 부모가 매번 고마워하나?'라고 생각할 수 있습니다. 그러나 세상에 당연한 것은 없습니다. 고마운 게 있을 뿐이지요. 자녀가 건강하게 곁에 있는 것, 당연한 일이 아닙니다. 고마운 일입니다. 배우자가 나와 함께 하는 이 시간도 당연한 것이 아닙니다. 참 고마운 일입니다. 자녀가 학교에 다니는 것을 두고 "학생이 학교 다니는 게 당연하지. 더 열심히 해야지."라고 생각하기 쉽습니다. 그러나 당연한 일이 아닙니다. 다치거나 아파서, 혹은 학교 안팎에서 좋지 않은 일로 마음에 큰 상처를 입어서 학교에 다니고 싶어도 그만두는 경우를 보았습니다. 자녀가 같은 아파트에 사는 급우에게 아파트 엘리베이터에서 심하게 언어와 신체적 폭력을 당하고 더는 엘리베이터를 탈 수 없고, 등교도 할 수 없어서 교외 주택으로 이사를 한 부모가 이렇게 말하는 걸 들었습니다.

"애들이 학교 다니는 거, 당연한 건 줄 알았어요. 근데 그거 당연한 거 아니에요. 나도 우리 집에 이런 일이 일어날 줄 몰랐어요. 애들 학교 다녀오면 애썼다고 엉덩이 두들겨 주세요."

당연한 것은 없습니다. 고마운 일만 있을 뿐입니다. 자녀의 작은 실천과 변화도 그냥 지나치지 마시고 "고마워!", "오, 땡큐!"라고 말하면 다음번 훈육이 훨씬 부드러울 수 있습니다.

마음 전달하기(나-전달법)

부모가 한 번 명료하게 가르칠 때 자녀가 즉각적으로 움직이고 호응하면 얼마나 좋겠습니까? 그러나 몇 번 해도 잘 안되는 날이 더 많습니다. 몇 차례 좋게 말해도 행동을 수정하지 않을 때는 두 번째 단계, 나-전달법으로 들어갑니다. 부모역할훈련 P.E.T. 의 창시자인 토마스 고든 Thomas Gordon 이 고안한 나 전달법은 자녀의 그릇된 행동 때문에 느끼는 부모의 감정을 전달하는 방법으로 사용하지만, 부모-자녀뿐만 아니라 상대의 행동으로 인해 내가 불편할 때, 즉 내가 문제를 소유했을 때 자신의 불편함을 전달하기 위해 사용하는 일반적인 의사소통 기술이기도 합니다. 초점이 자녀가 아닌, 불편함을 느끼는 부모에게 있으므로 문제를 소유했을 때 화내지 않고 차분하게 다음 순서에 따라 부모가 원하는 행동 교정을 자녀에게 요청하면 됩니다.

첫째, 부모가 수용할 수 없고 불편함을 느끼는 문제 행동이나 상황에 대해 구체적으로 말합니다. 이때 주의할 점은 빈도 부사나 가치를 판단하는 단어는 사용하지 않아야 합니다. 문제가 되는 행동과 상황을 간결하게 말하는 게 핵심입니다.

"네가 거실에서 과자를 먹으며 책을 읽고, 먹은 접시와 과자 봉지를 치우지 않고 그대로 방으로 갔어."

둘째, 현재의 문제 상황과 자녀의 그릇된 행동 때문에 부모가 느끼는 감정과 이유를 말합니다.

굳이 지나간 일까지 다 꺼내서 이야기할 필요는 없습니다. 그냥 지금 여기에서 경험하는 문제에 대한 감정과 그 이유를 구체적으로 전달할 때 더욱 효과적입니다. 타당한 이유를 들어 자녀에게 부모의 불편한 감정을 전달하는 과정입니다.

"네가 거실에서 간식 먹고 책 읽다가 정리 안 하고 그냥 방으로 들어가면 아빠/엄마는 좀 짜증이 나. 누군가는 거실을 치워야 하잖아. 근데 나 혼자 이걸 하려니 시간이 오래 걸리고 몸도 힘들어."

이때 "어지르는 놈 따로 있고, 치우는 사람 따로 있니?", "왜 만날 안 치우고 그냥 들어가? 공부하는 게 벼슬이냐?"라고 말하면 훈육이 아니라 비난입니다.

해서는 안 되는 표현

1. 빈도부사
"너는 왜 뭘 먹으며 책을 읽냐, 그러고 나서 또 안 치우고."
"항상 그렇게 안 치우더라."

2. 사람의 가치를 판단하고 비난하는 말
"대체 생각이 있는 거니, 없는 거니?"
"사람이냐? 정신 안 차려?"
"똑바로 안 해?"
"누굴 닮아 이 모양이야. 답이 없다, 정말!"

3. 행위와 행위자를 동일시
"눈이 있으면 좀 봐라. 정말 더러워 죽겠어. 내 눈에만 보이냐? 넌 안 보여?"

셋째, 부모가 원하는 것을 정확하고 구체적으로 말하는 단계입니다. 분명하고 단호하게 부모가 자녀에게 원하는 것을 전달하면 됩니다. "~ 해라." "엄마/아빠가 바라는 건, ~하는 것이야."라고 구체적인 행동을 요청하며 명확하게 지시해야 합니다. 실컷 상황과 부모의 감정을 잘 전해놓고 "알았지?"라고 끝내면 정말 알고 행동으로 옮기는 자녀도 있지만, 그냥 부모의 마음을 아는 걸로 끝내버리는 자녀도 있을 테니까요. 훈육은 행동 변화가 목적이니 다시 한번 바로 행동으로 옮길 수 있도록 바라는 바를 명확하게 말하는 거지요.

"거실에서 시간을 보내고 들어갈 때는 먹고 남은 음식물과 그릇을 싱크대에 넣어라. 책은 가지고 들어가거나 책장에 꽂고!"

그리고 여기에 "할 수 있지?", "언제 할 거니?", "언제까지 할 수 있니?" 정도의 질문을 추가해서 "네"라는 긍정적인 대답을 자녀 본인의 입으로 하게 할 수도 있고, 시간을 명확하게 정해서 보다 효과적인 훈육으로 이끌 수도 있습니다.

나-전달법은 부모가 문제를 소유했을 때, 그리고 화를 내지 않고 차분하게 대화로 이야기하기를 원할 때 매우 효과적입니다. 속은 부글부글 끓고 있지만 이를 악물고 하는 대화는 시작하지 않은 것만 못할 수 있습니다. 이 책에서 소개하는 것은 억지로 화를 참으며 하는 훈육 방법이 아닙니다. 너무 화가 나는 일에는 먼저 잠시 숨 고르기를 하고, 김을 빼야 합니다. 폭발할 것 같은 그 자리를 잠시 피해서 화장실에 들어가거나, 심호흡하고 물을 한 잔 천천히 마시며 시간을 벌어야 합니다.

마음을 전달하는 나-전달법(I-message)을
아무 때나 사용하지 마세요!

"네가 이 모양이야!"라고 비난하지 않고, 그릇된 말과 행동으로 인해 '내 마음이 ~이러하다.'라고 말하는 건 참 좋은 의사소통 방법입니다.

자녀를 비난하지 않는 점도 좋지만, 불편한 마음을 좋은 태도로 말하는 기술을 가정 안에서 배울 수 있어서 더 좋습니다. 부정적인 감정을 마구 쏟아내거나, 무조건 참고 지나가서 마음의 불안을 키우지 않으니 가족 안에서 마음 전달을 위해 나-전달법을 사용하는 것을 권장합니다.

부모교육 현장에서 "부모 마음을 정직하게, 정중하게 전달하는 이 소통 기술은 자녀가 어릴 때, 다양한 감정을 배울 수 있도록 풍성하게 많이 사용하세요. 청소년기에는 때때로 생략해도 괜찮습니다."라고 말씀드립니다.

어린 자녀는 "하희가 양치 안 한다고 울고 소리 질러서 아빠도 당황했네. 양치는 안 할 수 없는데 어제 오늘 두 번 울고 화내서 하희 충치 때문에 걱정된다. 이건 안 할 수 없는 일이야. 매일 자기 전에 해야 해. 오늘도 그래."라는 부모의 말을 들으면 '아, 아빠가 당황했고, 나를 걱정하는구나.'라고 부모가 붙이는 감정의 이름을 배우기도 합니다.

시간이 걸리지만, 아직 어린 자녀에게는 긍정이든 부정이든 감정에 이름을 붙여 알려주는 작업이 부모 마음을 전달하기에도 좋고, 자녀의 정서 발달과 자기 이해에도 도움이 됩니다.

그러나 사춘기 자녀는 발달상 자기 정체성을 찾고 싶어 마음의 힘이 자신에게로 집중된 상태입니다. 그런 자녀에게 "네가 방을 안 치우니 엄마는 너무 속상하다.", "이발을 안 하고 잘 씻지 않으니 건강에 이상이 올까 봐 매우 걱정된다."라고 말하면 기분이 좋은 날은 그래도 "네, 알았어요." 정도의 반응이 가능하지만, 조금이라도 감정이 상해 있다면 "내 방이에요, 참견하지 마세요.", "내 머리카락이에요. 그리고 나 안 아프거든요!"라고 부모 마음을 전혀 몰라주는 반응을 하지요. 그럼 부모에게는 '이게 뭐야? 나는 혼내려다가 그래도 좋게 말한 건데 본전도 못 찾았네!'라는 회의가 옵니다.

나-전달법은 서로의 마음을 나누고, 감정 표현을 배울 수 있도록 어린 시절에 많이 해주세요. 눈빛에 이미 반항과 방황이 보이는 청소년 시기에는 과감하게 나-전달법을 생략하셔도 좋습니다. 청소년 자녀에

게는 이미 정한 규칙대로 실행하고 다시 기회를 주는 권위와 일관성에
좀 더 힘을 주는 훈육이 효율적입니다.

다시 말하기, 확인하기

명료하게 가르치고 마음을 전달하는 훈육에도 자녀가 응하지 않으면, 부모는 본격적으로 길게 설명하고 싶어집니다. 그러나 이때는 숨을 고른 뒤, 단호하고 짧은 말로 주의하라고 하는 게 좋습니다. '이제 서둘러 문제를 해결하라'라고 다시 말하고 확인하는 작업을 할 단계입니다. 마치 막힌 공간에서 문제를 해결하려고 토론을 하다가 잘 안 되면, 문을 열어 새로운 공기가 들어오게 해주는 것과 같습니다. 공기를 순환시켜 주면 막혔던 문제 상황이 해결 국면으로 들어서는 것을 느끼실 수 있을 겁니다.

부모교육 수업 현장에서 만난 초등학교 교사는 "교실에서는 처음에 구체적이고 바로 실천할 수 있는 걸 좋은 태도로 아이들에게 요청합니다. 한 번이나 두 번 정도 해도 안 들으면 나-전달법은 생략하고 바로 단호하게 지시를 해요. 아이들이 많아서도 그렇고요, 그렇게만 해도 괜찮아서 경험상 그렇게 하고 있어요."라고 말했습니다.

짧지만 정중하게, 그러나 단호하게 주의를 주며 분위기를 바꾸는 이 작업은 때때로 부모의 감정과 이유를 전달하는 긴 이야기를 생략하고 바로 본론에 들어가도 될 만큼 효과적이기도 합니다. 시간이 촉박한 일은 부모가 길게 말하기 어렵습니다. 정중하고 구체적으로 한두 번 말했는데도 자녀가 실행에 옮기지 않으면, 설명하는 말은 적게 하고 대신 단호하고 명확하게 지시하는 이 방법을 서둘러 사용해도 괜찮습니다.

자녀도 지금 부모가 길게 설명해 줄 상황이 아닌 것을 알고 있다면 말입니다.

예를 들면 바로 나가야 하는 상황이고 이미 한두 차례 부모가 "기차 시간이 늦으면 다른 교통편이 없으니까 미리 옷을 갈아입어라."라고 말했는데, 자녀가 대답은 해놓고 아직도 꾸물거리고 있다면 그때는 나-전달법을 할 시간이 없습니다. 단호하고 명확하게 지시해야 합니다. 무서운 표정이나 큰 소리가 아니라 조금 낮고 끊어서, 단호한 목소리로 행동을 지시하셔야 합니다. 지금 우리는 화내거나 윽박지르는 게 아니라, 주어진 상황에서 어떤 행동을 해야 하는지 분명하게 알려주는 중이니까요.

"혁아, 기차 시간 다 됐어! 지금 바로 옷 입어!"

결과를 경험하게 하기

지금까지 이야기한 훈육 과정을 통해서도 자녀의 그릇된 행동이 교정되지 않을 수 있습니다. 사람은 본래 남의 말을 잘 안 듣습니다. 자녀가 우리 말을 바로 안 듣는다고 비난하면 관계만 망가집니다. 자녀가 현재 주어진 상황에서 다르게 행동할 수 있도록, 자신의 행동과 관련이 있는 결과를 선택하고 경험하게 하는 두 가지 방법을 소개합니다.

첫째, 두 가지 안※을 부모가 제시하고, 자녀가 그중 하나를 선택하게 하는 겁니다. 부모가 불편한 자녀의 그릇된 행동을 멈추고 변화를 주기 위해 사용하는 방법입니다. "…하거나 …할 수 있어. 네가 선택해.", "~과 ~ 중에 어떤 걸 선택할래?"의 방식으로 제시합니다. 안 된다는 말 대신 가능한 일 두 가지를 제시하는 거죠. 금지보다 선택권을 주는 방향으로 가는 겁니다.

예를 들면 양말을 계속 거꾸로 벗는 자녀에게 몇 차례 부모의 불편함을 전달한 뒤, 똑바로 벗으라고 개입하고 훈육해도 쉽게 해결되지 않는 경우가 있습니다. 그때 이렇게 제안할 수 있습니다.

"기준아, 네가 양말을 잘 벗어서 빨래 바구니에 넣지 않고 지금처럼 거꾸로 벗어서 넣어두면 네 양말은 그대로 빨아줄 수밖에 없어. 계속 거꾸로 벗으면 벗어 놓은 그대로 빨아서 개어 줄 거야. 그럼 신을 때마다 다시 뒤집어서 신어야 하는데, 어떻게 할지 네가 결정해."

이 예화 속 자녀는 어른들의 예상을 깨고, 거꾸로 벗고 거꾸로 빨아주면 매번 다시 뒤집어 신는 것을 선택했습니다. 다소 털털한 부모도 그럴 줄 알았다고 웃으며 이후로 더는 양말에 대해 언급하지 않아서 지금은 누구도 자녀의 양말 벗는 것에 관심이 없다고 합니다.

여기서 기억해야 할 중요한 두 가지 원칙이 있습니다. 하나는 자녀가 자신의 그릇된 행동과 관련 있는 부분만 불편을 경험하게 해야 한다는 점입니다. 더러운 양말을 처음부터 잘 벗어서 빨래통에 넣지 않아 생기는 결과로 양말을 신을 때 다시 원래대로 뒤집어 신는 귀찮음을 감수하는 것입니다. 그 이상도 이하도 아닙니다.

부모가 화를 내거나 "양말도 똑바로 못 벗어 놓는 애가 게임은 왜 하니? 그건 똑바로 되니? 말이 돼? 자기 할 일도 그때그때 못하면서 무슨 게임을 한다는 거야? 이번 주는 게임 하지 마. 금지야."처럼 그릇된 행동과 무관한 대가를 치르라고 명령하면, 자녀는 억울하고 화가 나서 다음번에 또 다른 그릇된 말이나 행동을 찾아서 할지도 모릅니다.

자신의 행동과 관련 있는 결과를 경험하게 하는 게 효과적인 훈육입니다. 게임이나 스마트폰처럼 지금 당장 자녀를 협박해서 부모의 말을 듣게 하려고 하는 건 훈육이 아닙니다. 자녀가 어릴 때는 잠시 통할 수 있겠지만 언제까지 그렇게 할 수 없습니다. '내가 제일 좋아하고 소중하게 여기는 걸 볼모로 부모가 나를 조종하려 한다'는 생각이 들지 않게 해야 합니다. 자녀가 그냥 삭히고 덩하고 있을지 모르겠지만 속으로는 '치사하다'라고 생각합니다. 좋은 언행言行을 하는 자녀로 키우기 위해 부모는 훈육합니다. 자녀 마음에 '우리 부모는 내 약점을 쥐고 흔드는 사람, 치사한 어른이야.'라는 불쾌함을 남기는 게 부모의 의도가 아닐 겁니다. 훈육의 본래 목적을 처음부터 끝까지 잊지 말아야 합니다.

또 하나 중요한 점은 선택안을 줄 때 부모가 견딜 수 있는 수준을 부모 자신이 정확하게 알고 제시해야 한다는 점입니다. 이 예화 속 부모는 자녀가 양말을 바르게 벗기를 바라지만 거꾸로 벗고, 매번 뒤집어 신겠다는 선택을 해도 그대로 하게 해줄 생각이 있어서 이 두 가지 선택지를 제시했다고 말했습니다. 그 부모는 빨래나 청소, 정리 이런 부분이 자신들의 삶에 크게 중요한 영역은 아니고, 기본적으로 좀 털털한 성격이라서 양말을 빨아서 위생에 문제만 없다면 괜찮다고 하더라고요. 그런데 수업 중에 이 예화를 들은 부모가 10명이라면 그 중 반드시 "으악, 어떻게 그렇게 해요?"라며 얼굴을 잔뜩 찡그리는 분이 2명 이상 있었습니다. 그런 깔끔한 분은 아예 선택지에 본인이 수용할 수 없는 안을 넣지 않아야 합니다.

부모 교육의 폐해라고 농담 반 진담 반으로 하는 말이 있습니다.

"들어보니 좋아서 내 아이에게 했는데 한두 번은 배운 게 있어서 참지만, 세 번 넘어가면 정말 뚜껑이 열려서 '참다 참다 더는 못 참겠다!'라고 소리 지르게 된다."

"좋은 건 알겠는데 들어도 그때뿐이다."

다른 사람들에게 좋은 것이 나에게도 반드시 좋은 건 아닙니다. 부모 교육은 자녀를 내 마음대로, 내가 키우기 편한 대로 해보려고 배우는 것이 아닙니다. 부모인 나를 먼저 알고, 가족 안에서 적정한 선을 정하고 서로 잘 지키는 방법을 배우는 과정이지요. 앞서 1장에서 말했던 경계선도 이와 같은 의미로 볼 수 있겠습니다. 자녀의 선을 함부로 넘어가지 않는 부모가 되려면 부모 자신이 먼저 자신의 선을 알아야 합니다. 내가 어디까지 견딜 수 있는지, 내가 무엇을 좋아하고 싫어하는지, 내가 어떤 부모 밑에서 자랐고, 나는 어떤 유형의 부모에 가까운지, 그리고 나는 자녀에게 어떤 부모가 되기를 원하는지를 말이죠. 본인의 감정과 욕구, 자기 마음을 아는 부모가 자녀에게 적정선과 선택지를 제공할 수 있습니다.

부모교육 수업을 들은 분들이 같은 수업을 두 번 세 번 듣기도 하고, 본인을 깊이 알기 위해 다음 단계로 문학이나 철학, 혹은 심리상담을 전문적으로 공부하기 시작하는 경우를 많이 봤습니다. 그러니 이름은 '부모교육'이라 붙였지만 사실 '나를 만나는 수업', '나를 알아가는 과정'이라고 보아도 무방합니다. 결국, 타인인 배우자, 자녀와 좋은 관계를 맺고 살기 위해서는 자기 이해와 자기 공감이 선행되어야 합니다. 나를 사랑하지 않으면서 남을 사랑하는 건 거짓말이거나 건강하지 못한 관계를 뜻합니다. 나에게 관대하지 못한 사람이 타인을 수용하고 경계선을 지키며 사랑하는 건 너무 어려운 일이기 때문입니다. 나로부터 출발해서 부부관계, 그리고 부모-자녀 관계로 확장되어야 비로소 부모교육이 완성된다고 볼 수 있습니다.

자녀에게 논리적으로 관련 있는 결과를 경험하게 하는 두 번째 방법은 동기를 부여하는 선택안을 주거나, 추궁하는 질문 대신 동기 향상을 위해 도움을 주는 질문을 하는 것입니다. 먼저, "~하면 ~할 수 있다."라는 긍정문의 형식으로 논리적 결과를 미리 제안해 주세요. 가장 좋은 예는 과거 우리 부모 세대에서 자주 사용하던 언어습관 중에서 찾을 수 있습니다. 바로 "숙제하고 나가 놀아라."입니다. "네가 숙제를 다 하면 나가 놀 수 있다."라는 의미로, 하교 후 바로 숙제를 하게 하는 좋은 방법이었지요.

자녀가 긍정적인 행동을 하도록 동기부여를 하고 싶다면, "~ 안 하면 ~ 못한다.", "~ 안 하면 ~하게 된다."는 표현은 사용하지 말아 주세요. 그건 협박입니다. 특히 비언어적인 메시지로 "좋게 말할 때 ~해라. 안 하면 진짜 가만 안 둔다."를 전달하면서 하는 말은 폭력입니다. 사람의 말은 전달력이 7%밖에 안 됩니다. 나머지 93%는 비언어가 차지합니다. 표정, 몸짓, 어조 등이 입에서 귀로 들어가는 단어보다 훨씬 강력한 메시지를 전합니다. 그러니 말로는 "~하면 ~할 수 있어.", "~하고 나서 ~하도록 해.", "~을 먼저하고 ~를 하면 좋겠구나."라고 고상하게 긍정문을 사용하더라도 온몸으로 "아빠가 하라는 거 해라. 안 그러면 진짜 국물도 없을 줄 알아라.", "엄마가 한번 말할 때 들어라. 좋은 말로 할 때 빨리해라."라는 메시지를 뿜어내고 있다면, 자녀는 부모의 말과 비언어적 메시지가 일치하지 않아 혼란스럽거나 무서울 것입니다.

하나 더 있습니다. 평소 나도 모르게 나오던 추궁하는 질문을 멈춰주세요. 대신 이렇게 물어보시면 미성숙한 아이를 도와주고, 훈육의 본래 목적인 교육이 가능합니다.

추궁하는 질문

"왜 이래, 정말?"

"어쩌자고 이렇게 열심히 안 하니?"

"왜 약속을 안 지켰어?"

"누굴 닮아 이러니?", "뭐가 되려고 이래?"

동기 향상을 위해 도와주는 질문

"어디부터 힘들었니?"

"어떻게 하면 열심히 할 수 있을까?"

"약속을 지키지 못한 이유가 있니?", "약속을 지키기가 어려웠구나."

"마음과 다르게 안 되나 보다. 걱정된다."

자녀는 공기空氣로 부모의 진심을 압니다. 부모의 권위가 자녀의 인정에서 오듯 자녀는 부모와 함께하는 시간과 공간, 그리고 그때의 공기로 부모의 진심을 전달받는 존재입니다. 자녀가 공기로 부모의 진심을 알게 된다는 것은 부모에게 동전의 양면과 같은 의미입니다. 부모가 아무리 말을 잘하고 사랑을 표현한다 해도 자녀가 공기로 부모의 진짜 메시지를 읽을 수 있다고 생각하면, 부모 노릇이 너무 어렵고 힘들다는 생각이 들 수 있습니다. 부모도 사람인데 말한 만큼 잘할 수 없고, 말한 것을 다 지키며 살 수 없습니다. 공기로 자녀가 다 안다고 생각하면 부모인 내 약함과 악함이 자녀에게 고스란히 전달될 거라는 생각에 절망감이 밀려올 때도 많습니다. 그러나 부모가 부족함이 많아도 진심으로 자녀를 사랑하는 마음이 있고, 인생을 바르고 건강하게 살려고 애쓰면 자녀가 공기로 부모의 진정성을 알 수 있다니 한편으로는 희망이 생기기도 합니다. 모두 좋은 것도, 모두 나쁜 것도 없습니다. 좋은 점과 나쁜 점이 공존합니다. 그런데 미성숙한 사람은 다 좋거나, 다 나쁘다, 이 둘로 나누어 한쪽으로 생각하는 게 편합니다. 좋으면 다 좋고, 나쁘면 그냥 미워하면 됩니다. 깊이 생각하지 않아도 되니 편할지도 모르겠습니다. 그러나 성숙해갈수록 이분법적 사고에서 벗어나 생각과 정서의 통합을 이루어 갑니다.

'우리 부모님은 좋은 표현법을 모르셨다. 잘하면 용돈 주시고, 당신들 마음에 안 들고 잘못하면 때리셨다. 그렇게 우리를 키우셨다. 내가 요즘 책이나 강의에서 말하는 것처럼 좋은 양육 방법을 보고 배우지 못해서 그런 건지 지금 아이들 양육하는 게 너무 힘들다. 그때 아버지가 조금만 마음의 여유를 가지고 나를 많이 때리지 않았더라면 좋았을 텐데. 어머니가 아버지와 사이가 안 좋은 걸 나에게 다 이야기하며 울지 않았으면 내가 덜 불안했을 텐데...'

이러한 부모에 대한 서운한 마음과

'우리 부모님은 단칸방에서 출발하셔서 시내에 집을 마련하고, 우리 삼 형제를 모두 대학 공부까지 가르치셨어. 지금도 일을 놓지 않으시고 자식들에게 짐이 되지 않겠다고 하시니 우리 부모님 대단하시다. 참 고생 많으셨다.'

이와 같은 고마운 마음을 모두 가지고 있다면 건강한 어른으로 잘 자랐다고 볼 수 있습니다. 그리고 내가 내 부모에 대한 좋고 나쁨을 통합할 정도로 건강한 사람으로 살고 있다면, 우리 아이들도 자라며 공기로 알 겁니다.

'우리 부모가 완벽하지 않구나. 그러나 나를 정말 사랑하는구나. 내가 이렇게 부모를 실망하게 하는데도 끝까지 나를 포기하지 않고 사랑하시는구나. 힘들어도 또 다음 날 다시 일하고, 부족함을 인정하고 사랑하며 사는 게 삶인가 보구나.'

자녀의 문제 행동만 보지 마세요.
행동 뒤에 있는 목적을 알고 나면
조금 더 지혜롭게 대처할 수 있습니다.

부모를 지치거나 화나게 하는 아이들의 말과 행동은 다양합니다. 사람의 다양한 행동목적과 욕구를 단순하게 정리할 수는 없습니다. 인간은 그렇게 단순한 존재가 아니니까요. 그러나 자녀의 좋지 못한 행동들이 정신과 의사이자 교육학자인 루돌프 드라이커스 Rudolf Dreikurs 가 말하는 다음 네 가지 목적을 가지고 있는 건 아닌지 확인해 보면 도움이 되는 순간이 많습니다.

드라이커스는 그릇된 행동은 대부분 그 사람이 자신이 속한 사회에 소속감이 없을 때 표출된다고 보았습니다. 오늘날 사회에 적응하지 못하고, 문제를 일으키는 사람을 많이 봅니다. 자신이 속한 사회와 집단에 대한 소속감이 확실하다면 부적절한 언행을 하지 않으려고 노력하겠지요. 소속감 결여가 문제 행동으로 이어진다는 드라이커스 이론에 동의합니다. 자녀들도 자신이 속한 가정이나 학급, 사회에 소속감이 부족할 때 다음 네 가지 잘못된 목표를 가지고 행동합니다. 우리를 난감하고 불편하게 하는 자녀의 행동이 어디에 해당하는지 한 번 살펴보세요. 여기서 자녀를 '사람'으로 바꾸어서 대인관계를 이해해 보셔도 됩니다. 자녀도 한 인격체이고 타인이니까요. 부모교육에서 배우고 깨달은 지식과 지혜는 가정과 사회 어디에서든 적용하셔도 좋습니다. 저는 종종 강의에서 "자녀에게 적용할 수 있는 의사소통 기술은 인류에게 사용하실 수 있는 겁니다."라고 말합니다.

1. 소속감 확인과 인정받기 위한 잘못된 관심 끌기 undue attention

사람은 누구나 자신이 속한 가정, 교실, 그리고 사회 안에서 '내가 여기 구성원이구나!'라는 소속감을 느끼고 싶어 합니다. 어린 자녀는 부모가 자신에게 관심을 주지 않고 다른 일을 할 때, '나 여기 있어요! 기억해 주세요! 내가 아빠 엄마랑 연결되어 있음을 확인해 주세요! 내가 소중하고 나랑 같이 있으면 좋다고 인정해 주세요!'라는 표현을 하게 마련이죠. 그때 기왕이면 "아빠, 설거지 끝나면 나랑 꼭 놀아줘요.", "엄마, 내가 아직 어리니까 밥 먹을 때 좀 챙겨주세요."라고 말하면 좋겠지만 그게 어디 쉽나요? 징징대거나 계속 귀찮게 하지요. 종종 관심 끌려고 금방 할 수 있는 일도 게으름을 피우거나 부모 눈에 거슬리는 온갖 미운 행동을 합니다.

학령기 아동은 공부를 잘하거나 운동을 잘해서 소속감과 인정을 받으면 좋겠지만, 그런 재능을 가진 아이들이 많지는 않습니다. 그래서 수업 전후로 선생님이나 친구들이 눈살을 찌푸릴 정도로 과도한 장난이 섞인 말과 행동을 합니다. 순간적으로 교사와 동급생들이 자신에게 관심을 주니까요. 잘못된 관심 끌기인데도 그런 관심이 없는 상태보다는 소속감을 느낄 수 있으니 하는 행동입니다. 혹시 가정이나 학급에서 자녀가 부모와 교사의 관심을 끌려고 짜증 나게 하나요? 상황에 따라 아이들이 자라며 자연스럽게 할 만한 언행이라면 수용해야 합니다. 부모가 너무 지쳐 있거나 본인 일로 신경이 곤두서 있어서 짜증 나는 건 자녀가 과도하고 잘못된 관심 끌기를 해서 그런 게 아닙니다. 그건 부모 자신의 문제입니다. 본인 감정에서 한발 물러나야 합니다.

부모의 기분이나 전반적인 체력과 무관하게 '지금 아이가 상황에 맞지 않는 행동과 반응으로 우리를 짜증 나게 하고 있나?', '이렇게 해서 부모의 지적이나 꾸중과 같은 부정적인 관심이라도 받고 싶은 건가?' 이 질문에 '그렇다.'라고 답할 수 있다면 자녀는 지나친 관심을 요구하고 있는 겁니다. 그때마다 반응해주면 자녀는 '이 방법이 잘 먹히는구나.'라고 생각하고, 이후로 소속감을 얻기 위해 같은 행동을 반복해서 하겠지요.

아이들은 자신이 가정과 학급에 속한 소중하고 괜찮은 존재라는 확인을 원합니다. "그만 징징대!", "까불지 말고 자리에 앉아!"처럼 날이 선 말을 멈춰 주세요. 마냥 '오냐오냐'하며, 징징거림과 말썽을 수용하는 것도 마찬가지로 멈추어야 합니다. 지나친 관심과 좋지 못한 방법을 선택한 자녀에게 조금 무심해도 됩니다. 그 방법이 썩 좋지 않다는 걸, 이제 안 먹힌다는 걸 경험하게 하는 겁니다. 대신 평소에 수시로 꼭 안아주거나 마주칠 때마다 눈빛으로든 언어로든 '나는 너를 좋아한다.', '네가 우리 집에 있어서 좋다.', '네가 우리 교실에 있어서 참 좋구나.'라는 메시지를 전해 주면 좋습니다. 매번 지적하는 짜증 섞인 바른말보다 자녀의 행동 교정에 훨씬 더 효과적일 겁니다. 실행하는 부모 마음도 행복해질 거고요.

2. 주도권과 영향력을 확인하기 위한 힘겨루기 power

　사람은 나이와 무관하게 자기 삶의 주도권을 가지고 싶어 합니다. 더 나아가 타인에게도 영향력을 미치고 싶어 합니다. 크기 차이는 있지만 그런 힘의 욕구가 없는 사람은 없습니다. 잘 시간이라고 알려주었는데 자녀가 화내고 소리 지른 일이 있나요? 외출할 시간이 되어서 옷 입고 신발 신으라고 했더니 쿵쿵거리며 반항적인 태도를 보이는 자녀의 모습을 본 기억은요? 다들 한두 번은 있을 겁니다. 이런 경우는 자녀가 힘겨루기라는 잘못된 목표를 설정한 상태입니다. 보통 이런 상황은 부모가 강제성을 지닌 말과 행동을 한 뒤에 일어납니다. 부모를 힘으로 이겨 보겠다고 나오는 자세지요. 관심을 끌려는 아이는 꾸중을 들으면 일시적으로 그 행동을 멈춥니다. 그러나 힘겨루기에 들어간 자녀는 부모가 힘으로 누르려고 꾸중하면 더 큰 힘을 사용하려 합니다. '내가 주도권을 가질 거야! 내가 영향력을 끼칠 거라고! 내가 위에 있는 걸 보여주고 싶다고!'라고 아우성치는 중이니까요. 그냥 좋은 말로 "30분만 더 놀고 자도 되나요?"라고 먼저 물어오거나, 부모가 말하기 전에 알아서 외출 준비를 마치는 경우도 드물지만 있습니다. 그런 순간을 놓치면 안 됩니다. 순간 포착해서 좋은 행동을 칭찬하는 게 중요합니다. 잘한 건 당연한 거고, 부정적인 행동을 할 때는 지적을 한다면 자녀는 그냥 지나갈 수 있는 일도 힘겨루기 상황으로 몰고 가는 선택을 자주 하게 됩니다. 이런 증상은 자기 힘을 가지고 싶은 십 대로 갈수록 더 심해집니다. 미리미리 사랑의 눈빛과 격려의 말을 많이 해주세요. 자녀와의 애정 통장에 저금한다고 생각하고 수시로 할수록 더 좋습니다.

3. 불공평, 부당한 일에 대한 앙갚음 revenge

자녀를 힘으로 다스리고 부모 말을 잘 듣게 하실 수 있다고요? 네, 가능한 부모도 있습니다. 상대를 굴복시키는 힘이 강한 부모도 있으니까요. 그러나 이 과정에서 자녀는 나를 보호하는 수단으로 앙갚음을 선택합니다.

'세상에 믿을 사람 없다. 가장 나를 사랑해줘야 할 부모도 나에게 이러는데, 누굴 믿겠는가? 내가 상처받은 만큼 돌려줘야 그나마 나도 무시당하지 않고 중요한 사람이 되는 게 아닐까?'

자녀가 이런 생각으로 정한 잘못된 목표가 바로 보복, 앙갚음입니다. 부모는 자녀가 그릇된 마음으로 못되게 말하고 행동하면 마음에 상처를 입습니다. 그때라도 멈추고 "네가 그런 말과 행동을 하니 우리 마음이 너무 아프다. 그렇게 할 수밖에 없는 이유가 있니? 네가 아무 이유

없이 이렇게 하는 건 아닐 것 같다."라고 말하면 이 일은 마음을 나누는 대화로 이어질 가능성이 큽니다. 그러나 부모가 속상해서 반사적으로 "뭘 잘했다고 부모에게 이따위로 하니?", "너도 꼭 너 같은 자식 낳아 봐라!"하고 나가면 이제 상처 주고받기 게임이 시작됩니다. 강의 중에 제가 가장 많이 드는 예는 이렇습니다.

자녀가 부모에게 하는 가장 심한 앙갚음과 복수의 말은 이거죠. 특히 딸이요.
"나는 엄마같이 안 살 거야!"
그러면 엄마가 그 공을 받아서 다시 상처 주는 말을 퍼붓습니다.
"그래, 어디 나중에 너도 꼭 너 같은 자식 낳아서 고생해 봐라!"
끝없는 탁구 게임이 이어집니다.

부모가 일단 멈추셔야 합니다. 그리고 언어와 비언어 메시지를 다 동원해서 자녀에게 다음과 같이 마음을 전해 주세요.

"우리는 상처 주기 위해 한집에 사는 게 아니다."
"우리는 네 보호자고, 너를 가장 사랑하는 부모다."
"상처 주기를 멈추자. 우리가 먼저 멈출게. 멈추고 너와 내가 진짜 원하는 걸 이야기하자."

4. 부적절한 행동으로 무능함을 보여주기 inadequacy

낙심한 자녀는 자신이 실패했다고 부모와 세상에 보여주려고 애를 씁니다. 말로 "망했어.", "이번 생은 망했어.", "나는 내가 싫어.",

"해도 안 돼. 됐어, 나는 포기했어. 엄마 아빠도 포기해."라고 직접 표현하기도 하고, 무기력한 태도나 방에서 나오지 않는 선택을 하기도 하지요. '나는 뭘 해도 안 되니, 엄마 아빠가 저를 포기하세요!'라는 메시지를 언어와 비언어를 통해 전달하는 겁니다. 자신을 향한 가능성을 스스로 거두고 닫아 버리는 거지요. 부모는 이럴 때 정말 무력감을 느낍니다. 자녀가 자신을 포기하게 만드는 전략으로 무능함을 보여주고, 모든 것을 포기하는 자세를 취하면 부모는 정말 절망스럽습니다. 그러나 부모가 어찌 자녀를 포기하겠습니까? 어쩌면 자녀가 실패와 좌절감을 너무 많이, 자주 경험해서 이런 생각과 행동을 하는지도 모르겠습니다.

사람은 누구나 삶의 의미가 있습니다. 부모는 무능하고 무력해 보이는 자녀의 손을 놓지 말아야 합니다. '나를 포기하세요!'라고 온몸으로 자녀가 외친다면 부모는 먼저 심호흡을 해야 합니다. 부부가 한 팀이 되고, 유능한 전문가의 도움을 받는 것도 좋습니다. 아무리 해도 안 되는 노력의 배신을 자주 경험한 자녀에게 무작정 "하면 된다.", "할 수 있어."라는 근거 없는 희망의 응원을 멈춰 주세요. 자녀 눈높이로 내려가서 '세상에는 안 되는 일도 많지만, 그 누구도 쓸모없는 인생은 없다'라는 걸 경험하게 해주세요. 이런 상태의 자녀는 어려운 환경을 찾아가 봉사 활동을 하는 게 도움이 될 수 있습니다. 타인을 돕는 과정에서 자기 삶의 의미를 찾을 수 있으니까요. 못하고 안 하는 자아 自我에서 누군가를 조금이라도 도울 힘과 의지를 가진 자기 自己로 옮겨갈 수 있습니다.

더불어 자녀가 가진 작은 재능이나 가족 안에서 하는 선한 행동에 주목하고 격려해 주세요. 호들갑스러운 과한 반응 대신, 담백하게 진심을 담아 말해 주세요. "고맙다.", "참 좋네.", "덕분이야."처럼 다정하면서도 심장의 무게를 실은 격려를 해주세요. 또한, 무능함을 보여주기 위해 드러누워 있거나 "나는 못 해요. 아빠가 해주면 안 되나요? 엄마가 해 줘요." 하는 요구에 마냥 응해주지 마세요. 우리 자녀는 어떤일에는 무능합니다. 그러나 또 다른 일은 유능하게 해낼 수 있을지도모릅니다. 완벽하게 해내길, 잘하기를 기대하지 마시고 시작 그 자체를 귀하게 여기며 이야기해주세요. "끝까지 다 못 가더라도 지금 시작해서 간 거기만큼은 간 거다."라는 메시지를 부모 삶으로 보여주시고, 자녀에게도 수시로 경험하게 해주세요. 넉넉한 부모가 되셔야 합니다. "도대체 왜 그러니? 왜 시간을 낭비하니?", "못 하긴 왜 못 해, 하면 되지!"라고 비난하거나 "관둬라, 네가 하는 짓이 그렇지 뭐.", "우리도포기했다. 네 맘대로 해라. 남 부끄러워 못 살겠다."와 같은 포기와 비난의 말은 금물입니다.

자신의 무능함을 보여주어 아무것도 하지 않겠다는 자녀를 보는 부모 마음은 참으로 고통스럽습니다. 부모가 무력감과 우울감으로 힘들수 있지요. 그러나 부부가 합심해서 무기력한 자녀를 보는 고통에서 살아남아 주세요. 버텨 주세요. 우리 아이가 부모의 인내와 사랑을 디딤돌 삼아 반드시 다시 일어날 거라는 믿음을 버려서는 안 됩니다.

훈육에서 주의할 점

부모는 자신이 버틸 수 있는 적정선을 알고 규칙을 자녀와 함께 정해야 합니다. 그리고 규칙을 정했다면 반드시 실행해야 합니다. 규칙을 정하고 그대로 실천하는 건 자녀만 해야 할 일이 아닙니다. 자녀와 함께 가족 안에서 지켜야 할 약속을 정했다면, 자녀가 그릇된 행동을 했을 때 "지난번에 우리 같이 정한 거 기억나지?"라고 말하며 부모는 정한 규칙을 꼭 적용해야 합니다. "아빠 엄마, 이번만 봐주세요. 다음부터는 안 그럴게요.", "이번은 그거 정하고 처음 어긴 거니까 연습으로 해요. 다음번이 진짜!" 등 자녀의 애교 섞인 작전에 적당히 눈감아 주시면 안 됩니다.

마음은 그래 주고 싶지요. 단호하게 "그래도 같이 정한 거니까 그대로 하자."라고 말하면, 자녀는 규칙을 정할 때는 동의해 놓고도 이제 와 오만상을 찡그리고 집 분위기를 안 좋게 만들겠지요. "이번 한 번만 봐준다. 다음에는 정한 대로 할 거야."라고 으름장을 놓으며 기분 좋게 넘기고 싶기도 합니다. 그러면 분위기도 망치지 않고, 자녀가 불편함을 온몸으로 표현하는 모습을 안 봐도 되니까요. 잠시 마음이 흔들릴 수 있습니다. 그러나 여기서 불편한 분위기를 버텨내야 합니다. 자녀가 그 순간 '부모가 정말 정한 이 규칙을 적용하는지 그냥 나에게 엄포 놓으려고 하는 건지' 지켜보고 있기 때문입니다.

이것은 부모의 권위와도 연결이 됩니다. 자녀에게 선택권을 주어 논리적으로 연결이 되는 결과를 경험하게 하는 합리적인 절차를 거쳐 만든 규칙조차 자녀의 콧소리나 징징거림에 넘어가 실천에 옮기지 않는 부모는 스스로 자신의 권위를 절반쯤 접어 버리는 겁니다. 집안에 찬바람이 부는 게 너무 싫더라도 일단 버텨 주세요.

"아빠 미워! 엄마 완전 짜증 나! 내 친구네는 이렇게 안 해요. 왜 나만 이래? 왜 우리집만 안 되는데? 아, 씨!"와 같은 못된 말을 해도 바로 반응하지 말아 주세요. 부모는 자극에 어떤 반응을 할지 선택할 수 있는 사람입니다. 자녀가 툴툴거리고 훌쩍거려도 조금 견디며 "안타깝지만, 우리가 함께 정한 약속이니 이번에 그대로 해보자. 너도 함께 정한 거잖니? 네가 싫다고 울고 불평을 하니 아빠도 마음이 좀 안 좋다. 잠깐 시간을 가지고 나서 생각이 정리되면 다시 이야기하자."라고 부드럽지만 의연하게 힘을 주어 말해 주세요. 이런 상황에서 부모가 화를 내며 "왜 이랬다저랬다 해? 그럴 거면 뭐 하러 같이 규칙을 정했어? 그때 안 한다고 할 것이지!"라고 말해 버리면 자녀는 더 실망합니다. 자신의 그릇된 행동은 그대로 두고, 부모의 화내는 태도에 마음이 상해 버립니다.

대단한 일도 아닌데 집안 분위기가 안 좋아지는 게 너무 싫으시죠? 왜 아니겠어요. 이러다가 자녀와 멀어질까 걱정되기도 하고, 빨리 상황을 정리하고 편안해지고 싶으실 거예요. 그러나 자녀에게는 자신의 존재 자체를 깊이 사랑하고 지지해 주는 부모도 필요하고, 그릇된 언행을 고치도록 안내해 줄 어른도 필요합니다. 한계와 통제가 없는 삶은 자유롭지만 행복하지 않습니다. 벽이 없는 집에 사는 사람이 안정감, 안전함을 느낄 수 없듯이 아이들은 자신의 미숙함과 공격성을 버려 주는 부모가 있어야 안도감을 느끼고 건강하게 자랄 수 있습니다.

어떠세요? 이제 자녀의 투정과 성냄에 휘둘리지 않고, 튼튼한 울타리를 치고 버티는 연습을 해보시겠어요? 우리 아이들은 좋은 권위를 가진 부모를 미워하지는 않습니다. 서로를 존중하며, 함께 규칙을 정했는데 자녀가 그걸 어기고 마음대로 하고 싶다고 짜증과 화를 낸다면, 그때 폭풍처럼 몰려오는 힘든 마음을 견디고 미리 정한 것을 진짜 실천으로 옮겨주세요. 그리고 시간이 지나 서로 마음이 가라앉아 합리적인 판단을 할 수 있을 때 다시 그 정한 규칙에 관해 이야기를 나누는 게 좋습니다. 자녀가 지키기에 조금 벅찬데 부모가 그 규칙을 정하고 싶어서 혹시 대화 중에 그쪽으로 몰아갔던 것은 아닌지 살펴봐 주세요. 만약 그런 부분이 있었다는 생각이 들면 솔직하게 자녀에게 물어보면 됩니다

"혹시 함께 이렇게 하자고 정할 때 너는 좀 어려웠는데, 엄마 아빠가 원하는 것 같아서 그런다고 했던 거니? 아니면 네가 할 수 있는데 이번에 하고 싶지 않은 마음이 컸던 거니?"

부모가 일방적으로 해야 할 일이나 금지사항을 정하는 게 아니라면, 자녀가 반항심을 가지지 않고 받아들이고 실천할 수 있을 겁니다. 자녀에게 선택권을 주고 보다 긍정적인 선택을 하도록 격려해 주세요. 정당한 이유가 있는 결과를 경험하는 것이므로 자녀가 부모의 말을 따르기

는 더 쉽습니다. 본인의 그릇된 행동과 직접 관련이 없는데 부모의 강요를 자꾸 경험한다면, 자녀는 그것을 부모가 일방적으로 행하는 처벌로 여길 수 있습니다. 예를 들면 "식사 시간이 되어 부르면 바로 와서 밥을 먹어. 그렇지 않으면 일주일 동안 스마트폰 압수야."는 다소 비논리적입니다. 식사 시간에 바로 오지 않은 것과 스마트폰 사용 간의 연결 고리가 없기 때문입니다. 물론 스마트폰을 가지고 노느라 식사 시간에 늦는다면 이야기가 달라집니다. 그래도 현재 자녀에게 가장 중요한 물건 중 하나가 스마트폰이라는 것을 아는 부모가 그것으로 자녀를 통제하려 들면, 자녀는 일의 전후를 생각하기보다는 일단 감정이 상해서 화를 내고 다음 반격을 준비하겠지요.

부모가 문제를 소유하고 있을 때, 자녀에게 어떤 선택권을 주는지는 부모에게 달려 있습니다. 앞서 강조했듯이 이때 부모는 자신이 수용할 수 있고, 감당할 수 있는 선에서 선택권을 주어야 합니다. 부모 자신이 참을 수 없는 것을 선택권에 넣었는데 자녀가 그걸 선택한 경우, 부모는 처음 몇 번은 참을 수 있을지도 모릅니다. 그러나 어느 순간 화가 나거나 견딜 수 없어서 스스로 그 규칙이나 논리적 결과를 자녀에게 부여하는 것을 중단하기 쉽습니다. 마찬가지로 자녀의 가장 취약한 부분을 움켜쥐고, 자녀가 부모의 말에 복종하기를 꾀하는 선택권 역시 자녀가 부모와 정한 규칙에 분노하고, 치사하다는 감정을 느끼게 할 수 있다는 것도 기억해 주세요.

자, 길게 이야기한 훈육에 관한 이야기들을 정리하겠습니다.

첫째, 부모가 문제의 소유자일 때, 화내지 않고 적절한 메시지를 자녀에게 전달할 수 있습니다. 정중하고 구체적인, 그리고 실천이 가능한 요청을 합니다. 명료하게 올바른 언행을 가르쳐주세요. 나-전달법을 통해 부모의 감정을 전달하고 자녀의 행동 수정을 끌어내기도 합니다. 때로는 긴 설명을 배제하고 짧고 단호하게 미리 정한 바를 말해서 지시하는 방법도 있습니다. 복잡하고 다양한 사안은 자녀와 함께 정한 규칙과 자신의 그릇된 행동에 관련된 결과를 경험하게 해주세요.

우리가 '혼난다, 혼냈다'라고 표현했던 것은 훈육이 아닙니다. 훈육은 단호하고, 조용한 어조로 천천히 그리고 낮은 목소리로 정확하게 부모의 의사를 전달하고, 자녀가 바르게 행동하도록 적절하게 개입하거나 차근차근 가르쳐 주는 것입니다. 자녀를 존중하는 태도를 유지하는 것이지요. 부모에게 존중받는 자녀는 자기 자신을 존중할 수 있고, 부모의 의견도 존중할 수 있습니다. 기억나시죠? 부모의 권위는 부모라서 가지는 천부적인 것과 자녀의 인정과 존경에서 오는 것, 두 가지입니다. 권위 있는 부모가 되어주세요.

둘째, 일단 자녀에게 선택권을 주었다면 그에 따른 결과를 반드시 실행해야 합니다. 자녀가 그릇된 행동 뒤에 그 결과를 책임지게 해서 확실하게 교훈을 얻도록 지도해야 효과적입니다. 그리고 자녀가 부모를 시험하고 지켜보고 있다는 사실을 기억해야 합니다. 부모가 이전에 화를 내거나 실망해서 낙심한 모습을 보였던 것과 다르게 좋은 훈육법을 선택해서 행동했다면, 자녀는 과연 부모가 그것을 일관성 있게 지켜나

가는지 보고 있습니다. 자녀가 "한 번만 봐주세요."라고 조르거나, 자기 뜻대로 그냥 넘어가 주기를 바라며 집안 분위기를 험하게 만들어도 반사적으로 대처하지 말아 주세요. 부모는 자녀가 던지는 수많은 자극에 어떤 반응을 보일지 스스로 선택할 의지를 지닌 존재입니다. 정서적 마동석, 기억나시죠? 자녀가 온몸으로 반항하거나 계속해서 봐 달라고 징징대더라도 부모는 큰 타격감을 느끼지 않은 것처럼 잘 버티고 정한 약속을 실행하는 겁니다. "같이 정해 놓고 왜 이래?"라고 화를 내거나 "내가 이럴 줄 알았어."라고 실망하고 단념하는 순간, 다시 옛날로 돌아가는 틈을 내주는 겁니다. 오래 걸립니다. 그러나 앞으로 가고 있으면 좋은 훈육이 시작된 겁니다. 실망하지 마세요.

셋째, 논리적 결과를 경험한 자녀와 다시 이야기를 나누며 규칙이 버거운 것은 아닌지 알아보고, 자녀에게 다시 기회를 주어야 합니다. 훈육의 목적은 가르쳐서 다음에는 그릇된 행동을 반복하지 않게 하려는 것입니다. 자녀가 실천에 옮기기 어려운 일인데 한다고 덜컥 약속해서 정한 규칙이라면 부모의 기대 수준을 낮춰서 조정하면 됩니다. 자녀가 다시 해보겠다고 하면 기회를 주고 지켜보는 것도 부모의 품 넓은 권위입니다. 자녀가 실수와 실패를 거듭할 수도 있습니다. 화내지 않고 일관성 있게 자녀가 자기 행동에 관한 결과의 양과 질, 혹은 시간을 조절하고 조정하며 계속 연습하게 해주세요. 자녀는 지금 자라는 중입니다. 부모의 안전한 품에서 배우고 익힐 시간이 있습니다. 초반에 세게 말하거나 크게 혼을 내서 바로잡고 고치려고 윽박지르지 않아도 됩니다. 시간은 나와 내 자녀의 편입니다. 너무 강력한 표현은 자녀를 겁먹게 하고, 변화 속도를 오히려 더디게 할 뿐입니다. 슬기로운 말은 배움과 여유에서 나옵니다. 부모교육에서 훈육하는 방법을 배우셨다면 조금 넉넉한 마음, 즉 여유를 가져보셔도 괜찮습니다. '오늘 저 버르장머리를 고쳐야지, 안 되겠어!'라는 과격한 생각은 훈육과 관계에 방해가 될 뿐입니다. 가족은 함께 사는 동안 한 팀입니다. 문제를 잘 해결하고 좋은 방향으로 나가는 게 목적이지, 자녀를 혼내서 공포심을 기반으로 부모 말을 무조건 잘 듣게 하려는 건 아니지요.

마지막으로, 자녀는 공기로 압니다. 우리 아이들은 가정 안에 흐르는 공기를 통해 부모의 언어와 비언어를 이해하는 영민한 존재입니다. 자녀의 실수나 잘못된 말과 행동을 보고 바로 화를 크게 내는 일이 반복되면 아이들과의 관계가 나빠지기 쉽습니다. 그런데 부모가 '진짜 넌 구제 불능이야.', '한 번만 더 해라. 정말 가만 안 둔다.'라는 속마음과 다르게 고상한 척을 하며 대처해도 자녀는 부모의 속마음을 압니다. 정직하지 못한 부모의 태도도 관계를 해칩니다. 겉으로는 화를 내지 않고 배운 훈육 기술을 사용하거나 "괜찮다."라고 말 하지만, 속으로는 견디기 힘들고 몹시 화가 나 있는 상태라면 자녀가 느끼는 가정 분위기는 처벌과 다를 바가 없습니다. 오히려 언어와 비언어가 일치하지 않는 혼합 메시지 이중 메시지 로 자녀를 더 힘들게 할 뿐입니다. 게다가 꾹꾹 누르고 참아 두다가 더는 참을 수 없어지면 부모는 버럭 소리를 지르게 되지요. 부모가 "내가 참다 참다 더는 못 참겠다!"라고 하면, 자녀에게서 "네, 오래 참아주셔서 고맙습니다. 아빠 엄마가 화내시는 게 당연하지요. 제가 고칠게요."라는 반응이 올까요? 그렇지 않다는 건 이미 많이 경험해보셨지요? 자녀에게 부모의 감정을 좋은 태도로 표현해주세요.

"너희 친구들 사이에서 욕을 섞어가며 말하는 건 알겠는데, 엄마는 네 친구가 아니야. 예의를 지켜줘."

"더 놀지 못해서 기분이 안 좋구나. 그렇다고 물건을 던지면 안 되는 거 알지? 그 행동을 보니 아빠도 마음이 좀 안 좋았어."

지혜로운 힘을 가진 부모는 자녀에게 생각과 표현의 자유를 줍니다. 이는 부모 역시 자녀를 향해 정제된 언어로 자기 생각과 감정을 표현하는 자유를 누릴 수 있음을 의미합니다. 좋은 부모는 부정적인 감정을 티 안 내려고 억지로 연기하는 부모가 아닙니다. 타인의 감정을 해치지 않으면서 자신의 감정도 정직하게 받아들이고 표현하는 부모를 통해, 자녀는 자신의 감정을 다루고 정중하게 자기 생각과 감정, 욕구를 표현하는 방법을 배워 갈 수 있습니다. 물론 이 과정은 부모도, 자녀도 쉽지 않지요. 자녀 양육과 대인관계가 책 한 번 읽어서 단번에 간단해지고 좋아질 수 없습니다. 사람은 그렇게 단순한 존재가 아니니까요. 그러나 자신을 향한 존중과 사랑을 가진 부모의 노력을 자녀는 공기로 압니다. 설령 반사적으로 버럭 하는 날이 좋게 말하는 날보다 조금 더 많을지라도, 자녀가 커가느라 애쓰고 있음을 우리가 알듯이 아이들도 부모의 고군분투를 외면하지 않을 거라고 믿습니다.

책임감, 부모가 훈육하는 가장 큰 이유

부모가 자녀를 훈육하는 가장 큰 이유는 자유와 선택을 누릴 줄 알고 그 결과까지 수용하는 행복한 사람으로 살기 바라는 마음 때문이 아닐까요? 지혜로운 힘을 가진 부모가 자녀에게 표현의 자유와 자녀의 성장 속도에 맞춰 선택의 자유를 주는 것은 자기 생각과 감정을 표현하고 스스로 선택하며, 그 결과를 수용하는 법을 체득하는 안전하고 지지적인 장 場 을 펼쳐 주기 위해서입니다. 가장 작은 단위의 사회인 가정에서 크고 작은 선택의 자유와 그에 따른 결과를 책임지는 경험을 많이 한 사람은 생각과 마음의 근육이 균형 있게 자랄 수 있을 테니까요.

부모라는 좋은 권위자가 허용하는 안전하고 탄력 있는 울타리 안에서 자녀가 책임감을 배우고 익히는 과정은 부모의 시간과 노동이라는 값비싼 비용을 지불하는 사적 私的 이면서도 공적 公的 인 교육입니다. 그래서일까요? 어느 교육학 교수는 입버릇처럼 "행복한 사람은 자신의 인생을 스스로 선택하고, 그 결과를 수용하는 방법을 배운 사람이다."라고 말했습니다. 선택의 자유가 있고, 책임감 있는 사람이 행복한 사람이라는 말입니다.

적극적인 부모역할교육의 전문가 마이클 팝킨 Michael H. Popkin 박사는 책임감을 다음 세 가지로 정의합니다. 일반적으로 생각하는, 자신의 선택에 따른 결과를 받아들인다는 "책임감 = 선택 + 결과"라는 단순한 공식 외에 두 가지 정의가 더 있습니다. 주의 깊게 봐주세요.

책임감이란,

첫째, 자신에게 주어진 의무를 받아들이는 것.

둘째, 자신이 처한 상황에서 올바른 행동을 하는 것.

셋째, 자신이 선택한 행동에 따른 결과를 수용하는 것.

가족이 있고 일할 수 있는 능력이 있는데도, 처자식을 건사하지 않고 술과 노름을 일삼는 가장을 뭐라고 욕하나요? "책임감 없는 사람! 무책임한 인간!"이라고 합니다. 자신에게 주어진 의무인 가족을 부양하는 것을 받아들이지 못하고, 처한 상황에서 올바른 행동을 하지 않기 때문이지요. 즉 일하지 않고 시간과 가산을 탕진하는 잘못된 행동을 하는 사람을 가리켜 "책임감 없다. 무책임한 인간이다."라고 말합니다.

부모가 자녀를 훈육하는 가장 큰 이유도 이것이라고 볼 수 있습니다. 자녀가 자신의 의무를 받아들이지 않거나 타인에게 미룰 때, 처한 상황에서 그릇된 행동을 선택할 때, 자신이 선택한 행동에 대한 책임을 받아들이지 않을 때, 부모는 자녀가 책임감 있는 사람으로 성장할 수 있도록 도와주어야 합니다.

자녀가 자신의 의무를 받아들이지 않는 행동 : 숙제나 강아지 밥 주기, 혹은 가정 안에서 담당한 작은 역할들을 제대로 수행하지 않고 미루거나 핑계 대고 다른 사람에게 넘기려고 하는 것

상황에서 올바른 행동 대신 그릇된 행동을 선택하는 경우 : 거짓말, 물건을 훔치거

나 고자질을 하는 것, 지나치게 게임이나 미디어에 빠져 식사나 취침 시간을 어겨서 건강을 해치는 행동

자신의 선택과 행동에 따른 결과를 수용하지 않는 것 : 일의 결과를 두고 남 탓하기.
"엄마 때문이야.", "아빠가 안 도와줘서 망쳤어. 아빠가 책임져!"

혹은 지나치게 자책.
"나는 망했어.", "난 멍청해.", "아, 내가 하는 일이 그렇지 뭐."

자녀가 책임감 있는 사람으로 커갈 수 있도록 부모는 자녀의 실수에 조금 더 너그러워지면 좋겠습니다. 부모인 우리가 종종 잘못된 선택을 했을 때, 그에 따른 결과를 깔끔하게 인정하고 다시 도전해야 하는 것을 알면서도, 변명하고 회피하는 이유를 생각해보면 자녀 양육의 태도를 정할 수 있습니다. 책임을 회피하는 이유는 무엇일까요? 타인이나 환경을 탓하며, 자신의 고통을 좀 덜어내려는 경우가 많습니다. 때로는 가혹하게 자기를 질책하며 죄 없는 머리카락을 쥐어뜯고, 나의 형편없음에 스스로 깊이 절망하고, 우울감을 느껴 좀처럼 회복하기 어려울 때도 있습니다. 아니, 있는 정도가 아니라 많습니다. 남 탓, 환경 탓, 그리고 자책. 다른 반응이지만 결국 좋은 태도로 내 선택의 결과를 수용하는 것과 거리가 멀다는 점에서는 같은 맥락입니다. 자녀도 마찬가지입니다. 자신의 실수나 그릇된 행동을 피해버리고 싶은 건 자녀나 부모나 같습니다.

우리는 모두 성장과 성숙의 선 위에 서 있는 존재입니다. 그리고 성장하고 성숙하는 과정에는 다소 불편하고 고통스럽지만 받아들여야 하는 일들이 제법 많이 있습니다. 부모가 먼저 그 불편한 진실, 고통스러운 직면을 경험하고도 당당하게 인생을 걸어가는 모습을 자녀에게 보여주면 어떨까요? 어떻게 가능하냐구요? 다정함은 체력에서 나오고, 슬기로운 말은 배움과 여유에서 나옵니다. 먼저 부모가 자신의 신체적, 심리적 건강을 잘 챙겨주세요. 그리고 나를 알아가는 배움을 멈추지 마세요. 지성은 사람을 고상한 경지로 안내합니다. 자녀 양육을 위해서도 슬기로운 말을 배우지만 사실 그보다 먼저, 부모 자신의 인생을 위해서 배우고 연습하는 겁니다. 건강한 몸과 마음으로 배운 것들을 스스로에게 먼저 말해 주세요. 글을 쓰는 것도 훌륭한 활동입니다. 우리 뇌는 행동을 잘 기억합니다. 말하고 쓰는 것은 일상에 지친 뇌에 노크하고, 변화를 끌어내는 훌륭한 작업입니다.

실수와 실패를 경험하는 자녀에게 "그럴 수 있어. 사람은 누구나 실수할 수 있어. 다음에는 다른 방법으로 해보자. 어떤 좋은 방법이 있을까?"라고 말하고 싶으시죠? 그래서 자녀가 '자신의 의무를 받아들이고, 때로는 두려워도 자기 자리에서 바른 행동을 선택하고, 결과를 수용하는 책임감 있는 건강한 사람으로 자라기를 바라는 그 마음'을 부모 자신에게 먼저 적용해 보세요. 나를 사랑하는 사람이 타인을 사랑할 수 있습니다. 나를 너그럽게 대하는 사람이 배우자와 자녀, 그리고 이웃에게도 그 마음의 곁을 내줄 수 있습니다. 슬기로운 말은 배움으로 채울 수 있습니다. 그러나 여유가 없으면 가득 찬 그 보석 같은 말이 빛을 보지 못하고, 머릿속에서 사장 死藏 되기 쉽습니다.

　자녀가 성장하며 부모의 통제는 점점 줄어들고 자녀 스스로 선택하는 자유는 커져가는 것, 그리고 자녀가 해결할 수 있는 문제가 많아지는 것은 단순히 '부모-자녀의 문제는 시간이 해결해 준다.'는 의미가 아닙니다. 우리 자녀가 그만큼 문제 해결 능력이 생기는 바람직한 현상입니다. 자녀가 그렇게 성장하는 동안, 부모는 성숙해가야겠지요. 부모가 자기 자신에게 충실하게 하루하루를 살며 책임감 있게 인생길을 걷다 보면, 성숙해가는 부모와 성장하는 자녀가 만나는 순간이 올 거라고 믿습니다. 그때까지 '다정함은 체력에서 나오고, 슬기로운 말은 배움과 여유에서 나온다'를 잊지 마세요!

3   자녀 문제

이제 자녀가 문제를 소유하는 순간을 함께 살펴보겠습니다. 문제 소유를 가리는 질문에서 부모는 크게 불편하지 않지만, 자녀는 매우 짜증 나고 신경 쓰는 문제, 또는 안전이나 건강, 타협 불가의 규칙이나 가치관에 속하지 않고 자녀가 스스로 해결하며 성장통을 경험하는 영역은 자녀의 문제로 보면 됩니다. 자녀가 문제를 소유하는 경우는 자연스럽게 결과를 경험하며 자녀 스스로 배우는 경우와 자녀가 부모에게 고민을 이야기하는 상황, 두 가지로 나뉩니다.

자연스러운 결과를 통해 스스로 배우는 자녀

보통 자녀가 자신의 경험을 통해 배울 수 있는 일이 여기 해당합니다. 자녀의 행동을 통해 그 결과가 직접적으로 나타나는 일이 대부분이라 부모가 주의할 점은 두 가지뿐입니다.

첫째, 자녀의 문제에 참견하고 싶은 충동을 참는 것입니다. 자녀 스스로 그 결과를 경험하고 '아, 다음에는 이러면 안 되겠구나. 다른 선택을 해야지!'라고 배울 수 있도록 느긋한 마음으로 바라보는 것이 부모가 할 일입니다. 물론 답답하고 짜증이 나서 끼어들고 싶은 마음이 수시로 드는 부모도 있을 것입니다. 그래도 부모가 좀 지켜보며 기다려 주어야 합니다.

여러 해 전에 아동문학가이자 놀이운동가인 편해문 선생님의 강의를 들은 적이 있습니다. 그는 "함께 엉덩이를 붙이고 앉아 자녀를 지긋이 바라보는 부모가 좋은 부모다."라고 말했습니다. 너무 인상적이고 중요한 말이라 몇 년이 지난 지금도 잊히지 않습니다. 저는 편 선생님의 말을 이렇게 소화했습니다.

좋은 부모는,

(부모가) 함께:
> 부부가 한마음이 되는 것을 의미합니다. 의견일치, 일관성을 뜻하지요. 부모가 서로 다른 이야기를 하면 자녀는 혼란스럽습니다.

엉덩이를 붙이고 앉아:
> 마음의 여유를 말합니다. 조급한 사람은 엉덩이를 붙이고 한곳에 앉아 있을 수가 없습니다. 종종거리고 서 있거나 앉더라도 어딘가에 걸터앉아 있겠지요. 금방 일어날 수 있도록 말입니다. 그러나 엉덩이를 붙이고 앉은 것은 방바닥에 앉은 겁니다. 뭉근하고 다정한 부모의 기운이 느껴집니다.

자녀를 지긋이 바라본다:
> 지긋이 바라보는 것은 참을성 있게, 끈기 있게 보는 것입니다. 자녀를 관찰하는

거지요. 사랑은 관찰하고 관심을 가지는 것에서 출발합니다. 관계는 관심을 가지고 관찰할 때 비로소 사랑으로 완성됩니다.

자녀가 자연스럽게 자기 선택의 결과를 통해 스스로 문제를 해결해 나갈 때, 부모가 기억해야 할 두 번째 주의 사항은 첫 번째보다 조금 어려울 수도 있습니다. 자녀의 문제에 끼어들어 해결사 노릇을 하고 싶은 충동을 참는 것은 그래도 많은 부모가 책이나 강의를 통해 배워서 알고 있습니다. 힘들지만 꾹 참아보기도 합니다.

그런데 다음 단계에서 무너지고 버럭 화를 내거나 뾰족한 말을 한마디 해서 참은 보람이 없게 만드는 것을 자주 봤습니다. 바로 자신의 실수나 그릇된 행동의 결과를 경험한 자녀가 투덜거리거나 징징대는 그 순간, "거봐, 아빠 말 들으랬잖아.", "네가 그래 놓고 왜 엄마에게 짜증을 내!"라고 받아치거나 잔소리하지 않는 것입니다. 끼어들고 싶은 충동을 참는 것까지는 잘했으나 자기 선택의 결과에 대해 징징대거나 투덜거리는 자녀의 태도를 보면 부모는 그동안 참아왔던 감정을 말로 쏟아내고 싶습니다.

"아빠 말이 맞아, 틀려? 우리가 틀린 말 하니? 부모 말 좀 들어라. 너 잘되라고 하는 소리 아니니? 부모 말을 잘 들으면 자다가도 떡이 생긴다."

'내가 옳은 부모'의 전형적인 대사가 튀어나오려는 순간이지요. 그러나 "그래, 속상하겠다." 혹은 "아이고" 정도의 추임새로 마무리해

주면 딱 좋습니다. 어차피 이 일은 누가 개입하거나 훈육할 성질의 것이 못 됩니다. 자녀가 자신의 선택과 행동이 가져온 결과를 체득할 수 있으니까요. 뒤늦게 부모가 그 결과를 보면서 설명하는 행위는 자녀에게 '잔소리'로 확 다가옵니다. 오히려 그냥 배우고 지나갈 일을 잔소리하는 부모를 탓할 수 있는 빌미를 제공할 수도 있습니다. 조용히 자녀가 스스로 깨닫고 다음에 다른 선택을 해서 좋은 결과를 냈을 때 어깨를 두드려주는 정도면 충분합니다. 자녀가 스스로 경험하며 배울 수 있는 자연적 결과는 다음과 같습니다.

밤에 늦게 자서 아침에 늦잠을 자고 지각을 하는 경우:

지각해서 선생님께 약간의 꾸중을 듣거나 운동장 뛰기 등의 불편한 경험을 하고 나면 다음부터 일찍 잠자리에 들 가능성이 커지겠지요. 물론 기질에 따라 그냥 실컷 놀고 늦게 자고 늦게 일어나겠다고 말하는 자녀도 있습니다. 자녀가 늦게 잠자리에 드는 것 자체를 허용할 수 없는 부모노 있겠지요. 가정마다 다릅니다. 대화를 통해 취침과 기상 시간을 조율하는 것이 좋습니다.

신고 갈 운동화를 미리 챙겨두지 않아 다음 날 아침에 찾느라 허둥대고 짜증 내는 일:

다음부터는 체육 수업 전날 밤에 운동화를 찾아서 신발장 앞에 두고 잠자리에 드는 선택을 스스로 할 겁니다.

너무 빨리 뛰거나 자전거 속도 조절을 잘못해 넘어져서 무릎을 살짝 다치는 일:

이후로는 달리기나 자전거 타기를 할 때 본인의 속도를 조절해서 넘어지지 않도록 주의할 수 있습니다. 주의력이 부족한 경우, "많이 아팠니? 다음엔 어떻게 하면 좋을까?"라는 질문을 하는 정도면 충분합니다. 꾸중이나 비난하지 않고 질문만 했으니, 자녀는 스스로 "내리막길에선 속도를 줄여야겠어요."라는 개선책을 찾을 수 있겠지요.

영화를 보기 전에 화장실을 다녀오자고 했으나 괜찮다며 안 갔는데, 영화 상영 중에 화장실에 다녀오느라 재미있는 장면을 조금 놓치는 경험:

이 경험을 몇 번 하게 되면, 다음에는 영화 시작 전에 화장실에 가는 선택을 스스로 할 수 있습니다. 여러 번 경험했어도 잘 인지하지 못한다면, 영화 보러 가기 전에 "영화 시작 전에 뭐 잊은 거 없어?", "엄마는 미리 화장실 다녀올 건데 너는?"하고 부모가 살짝 운을 띄워서 알아차리게 해줄 수는 있겠지요.

부모에게 자신의 고민을 이야기하여 지지를 경험하는 자녀

자녀가 문제의 주인일 때 즉 자녀 스스로 자신의 문제를 해결할 수 있는 능력이 있는 경우, 부모는 모든 감각과 직관, 사고와 감정을 동원해서 적극적으로 경청해야 합니다. 온 마음과 생각을 다 집중해서 듣는 이 작업은 사실 단순하게 '듣는다'고 표현하기에는 부족합니다. 포항의 한 교회에서 '듣기를 속히 하라'는 의미로 '쾌청快聽 '이라는 한자를 소개한 것을 보았습니다. 적극적인 경청을 더 깊고 단순하게 잘 표현한 한자라는 생각이 듭니다. 적극적인 경청은 귀와 눈으로 듣고, 직관과 사고를 모두 동원해서 듣는 자세를 말합니다. 듣기를 속히 하는 것, 내 말로 상대를 가르치려는 마음은 접어두는 것이 적극적인 경청이고 공감의 시작입니다. 전적으로 주의를 집중해서 들을 때 상대방은 이런 의미의 비언어 메시지를 충분히 전달받을 수 있습니다.

나는 네 편이야.

내가 곁에 있을게, 이야기해도 돼.

너는 나에게 매우 중요한 사람이야.

나는 너를 도울 준비가 되어 있어.

무엇이든 이야기해. 나는 들을 준비가 됐어.

자신의 고민을 털어놓는 자녀가 부모로부터 위와 같은 지지를 받는 다면 얼마나 든든할까요? 부모는 자녀의 말에 눈과 귀, 그리고 모든 감 각을 집중하고 중간중간 고개를 끄덕이거나 "응", "아", "그렇구나" 정도의 표현만 해주면 충분합니다. 사실 정말 집중해서 듣는다면 자기 도 모르게 이런 추임새가 나올 수밖에 없다는 것을 경험해 본 사람은 알고 있습니다.

여러 해 전, 자녀 넷을 모두 훌륭히게 잘 키우신 70대 어르신을 만난 적이 있습니다. 저는 그분을 적극적인 경청의 대가라고 생각합니다. 자 녀들이 인격과 실력을 고루 갖춘 좋은 인재로 자랐는데, 본인은 초등학 교를 겨우 나왔다고 하셨습니다. 자녀의 문제를 해결해 줄 능력도, 지 식도 없어서 오로지 잘 들어주기만 했다고 겸손하게 말씀하셨습니다.

"어떻게 그렇게 자제분들을 다 잘 키우셨어요? 궁금해요."

"나는 무식해서 어려운 거 몰라요. 가난하고 아는 것도 많지 않으니 애들이 뭔 얘 기를 해도 도와줄 수가 없었어요. 내가 한 거라고는 '아이고' 밖에 없어요."

"아이고요? 아이고 이야기 좀 해주세요. 그게 뭔가요?"

"아이들 이야기를 듣고 뭔가 도와주고 싶은데, 해줄 수 있는 게 없어서 안타까울 때는 "아이고, 어쩐 다냐. 아이고, 아이고!"하고요, 애들이 상 받거나 자기가 뭐를 잘했다고 신나서 이야기를 하면 "아이고, 내 새끼. 아이고! 잘했네!"라고 했을 뿐이에요."

'아이고'로 자녀를 잘 키우셨다니, 참 놀랍지요? 자녀의 음성에 귀를 기울인 거지요. 눈과 귀, 더 나아가 온 마음으로 들으셨던 것입니다. 자녀가 해결할 수 있는 문제라면 "아이고" 하며 집중해서 들어주는 것만으로도 충분합니다.

쾌청의 태도로 내 생각을 비우고 온전히, 그리고 속히 들을 때 부모는 자녀의 마음을 알아줄 수 있습니다. 부모가 자녀의 마음을 알게 된다는 것은 자녀의 감정을 알아차려 공감하고 이어서 대화할 수 있다는 것을 의미합니다. 물론 부모-자녀의 타고난 기질에 따라 자녀의 마음을 더 쉽게 알아차리고 깊이 공감할 수 있는 부모도 있고, 자기 생각과 감정을 언어로 풍부하고 정확하게 표현하는 자녀도 있습니다. 이런 경우, 타고난 자신의 강점을 십분 발휘해서 공감적 경청을 할 수 있습니다. 그러나 평범한 부모도 자기가 옳다고 생각하는 것을 잠시 내려놓고 자녀의 생각과 감정을 따라가며, 중간중간 자녀의 말의 흐름을 끊지 않는 선에서 부모가 이해한 것을 확인하고 다음 대화로 이어갈 수 있습니다.

"아, 정말? 많이 걱정되는구나. 아빠는 네가 많이 염려하는 거로 들려. 맞니?"

"아이코, 우리 정아가 매우 속상했겠네. 네가 의도한 건 그게 아닌데 제일 친한 친구가 오해해서 정말 속상하겠다."

이때 자녀는 부모가 옳게 자신의 감정을 이해했다면,

"응, 아빠. 나 너무 심각해요. 너무 걱정돼. 아, 다시 되돌리고 싶어."

부모가 이해한 것과 자신의 말이 조금 차이가 있다면,

"아, 엄마 아빠, 속상한 건 아니구요. 좀 황당했어요. 걔가 알면서 모르는 척하는 기분이 들어요. 오해가 아니라 나를 골려주려는 그런 느낌이라 좀 황당하고 불쾌해요."

이렇게 부모의 말에 수긍하거나 자기 생각과 느낌으로 수정하는 작업을 통해 대화를 이어가게 됩니다. 부모-자녀가 하나의 주제로 생산적이고 마음을 나누는 대화가 가능하다는 사실 하나만으로도 가족 구성원이 '우리 가족은 소통이 된다.'라는 기분을 느낄 수 있고, 그로 인해 가족 결속력을 높이는 효과를 누릴 수 있습니다.

충분히 경청하고 자녀의 마음과 문제 상황을 들었다면 대화는 자연스럽게 다음 해결 방법을 찾는 것으로 넘어가게 됩니다. 이때 문제의 주인이 자녀이니 부모는 자녀가 문제를 어떻게 풀어 가면 좋을지 대안과 그에 따른 결과를 생각하고, 스스로 결정할 수 있도록 '손바닥 펼치기' 질문을 해보면 좋습니다.

"시간을 되돌릴 수는 없지만, 앞으로의 일은 네가 결정할 수 있잖아. 어떻게 하고 싶니?"

"아, 그럼 그렇게 하면 그다음은 무슨 일이 일어날 것 같니?"

"그 선택을 하면 네 마음은 어떨 것 같아?"

"그럼 그 친구를 대할 때 네가 어떤 태도를 취하면 좋을까?"

"네가 그렇게 나가면 친구는 뭐라 할 것 같니?"

"아빠 엄마는 네가 어떤 선택을 하든 지지해. 네 편이야. 용기 내서 한번 해볼래?"

"만약에 네가 그렇게 결정하면 어떤 결과가 있을 것 같아?"

이와 같은 대화는 자녀에게 선택권을 주는 의사소통의 기술입니다. 자녀의 생각과 감정, 그리고 일의 전후와 결과를 생각하고 정리해서 말할 기회를 제공하는, 존중하는 대화법입니다. "이렇게 해." "이렇게 하면 되겠네." "이게 좋겠어." "답은 정해져 있지. 너도 알잖아. 그거라는 거." 식의 대화는 '내가 옳은 부모'의 대화법입니다. 손가락으로 정답을 가리키는 대화지요. 부모가 서둘러 답을 주고 마무리하거나 부모의 성공담을 들려주고 "너도 나처럼 야무지게 해."라고 강요하면 어느 순간 대화가 멈춥니다. 그러면 자녀는 부모를 믿어 용기 내서 털어놓았던 고민을 다시 싸서 혼자 지고 가게 됩니다.

손바닥을 펴서 상대에게 정중하게 내미는 마음으로 하는 다음 질문은, 시간이 걸리더라도 차츰 자녀가 자신이 원하는 방식으로 문제를 해결하고 책임지는 방법을 터득하게 해줍니다.

"네 생각은 어떠니?"

"너는 어떻게 하고 싶니?"

"네 의견을 들어보자."

"네가 가진 대안 중에 좋은 것을 선택하렴."

"그 선택의 결과는 어떨 것 같니?"

자녀는 부모와의 이 대화를 통해 한 가지, 혹은 두 가지의 문제 해결책을 가지게 됩니다. 그리고 시도해 보겠지요. 부모와 대화할 때는 괜찮았는데, 막상 다시 혼자 해결하려 하니 용기가 부족하거나 말주변이 없어서 문제를 그냥 둘 수도 있습니다. 또 다른 문제가 더 생겼을 수도 있고요. 그러니 부모는 하루 이틀이나 일주일쯤 뒤 자녀에게 그 문제가 잘 해결되었는지 지나가며 확인하면 좋습니다. 이 과정을 통해 "우리는 너에게 관심이 있단다.", "내가 너를 기억하고 있다."라는 사랑의 마음을 전할 수 있습니다. 그리고 이 시긴은 자녀가 스스로 문제를 잘 해결했다면 함께 기뻐하고 마무리하는 것으로, 아직 용기나 대화의 기술이 부족해서 좀 더 부모와 대화를 나누기 원한다면 다시 적극적인 경청으로 돌아가 부모-자녀가 대화하는 시간을 가지도록 연결해 주는 중요한 다리 역할을 합니다.

누군가가 자신의 문제를 기억하고 있다는 것은 자기 존재가 존중받는 것과 다를 바 없습니다. 존재를 존중받는 자녀는 깊은 안도감과 안정감을 맛볼 수 있습니다. 다음과 같은 질문으로 자녀를 기억해 주세요.

"지난번에 아빠에게 말했던 그 일은 잘 해결되었니 ? "

"그때 우리 정아를 황당하게 만들었던 그 친구는 잘 있어? 지금은 다시 같이 매점 가고 그래?"

아, 이때 한 가지, 지나가며 툭 던지듯이 자연스럽게 질문하는 고급 기술이 필요합니다.

"이리 와 앉아봐. 지난번에 그 일은 어떻게 되었는지 좀 들어보자."

이런 지나친 적극성은 자녀가 부담스러울 수도 있습니다. 왜 우리도 자랄 때 부모님이 "이리 와 앉아봐라. 얘기 좀 하자." 하면 하던 말도 들어가고 그랬잖아요. 배우자가 "여보, 여기 앉아봐요. 할 얘기가 있어요."라고 부르면 무섭다고 농담 반 진담 반으로 말하는 사람들도 많습니다. 아이 처지에서는 부모 문제도 아닌데 너무 진지하게 훅 들어오면 살짝 경계선이 흔들리는 기분이 들 수도 있습니다. 자녀의 탄력 있는 경계선을 잘 지켜주면서 가볍게 노크하는 대화법을 사용해 주세요. 약간 무심한 듯이 그러나 눈빛에는 사랑을 담아 물어봐 주세요.

"요즘 기분은 어때?"

"전에 말한 그 일은 어떻게 되었어?"

우리는 서로의 거울입니다.

사람은 평생 살며 자신의 모습을 한 번도 볼 수 없습니다. 거울에 비친 모습만 보다가 떠나지요. 나는 나를 못 봐도 배우자, 부모, 친구들은 나를 봅니다. 이 사실이 정말 신기하고 신비롭지 않나요? 결국, 가까운 사람들이 나를 보고 해주는 말과 표정들을 보며 '아, 그게 나구나.' 라고 자기를 결정하고 만들어 갑니다. 사람은 상대가 반영해 주는 모습으로 자기를 인식하고 산다고 해도 과인이 아닙니다.

이런 이야기를 하면 다들 "아, 자녀에게 부모가 거울이 되어주는군요. 좋은 부모가 되어야겠어요."라고 말합니다. 네, 맞습니다. 그래야지요. 자녀에게 부모는 처음 만나는 가장 중요한 타인이니까요. 부모가 느끼고 반응하는 대로 자녀는 자신의 모습을 보고 들을 테니까요. 그러나 여기서 부모-자녀 관계보다 먼저 생각해야 할 게 있습니다.

부부가 먼저입니다!

사람에게는 평생 나를 유지시켜 주고, 나를 보여줄 존재가 필요하니다. 설령 좋은 부모를 만나지 못해서 나 자신을 사랑하기 힘든 사람일지라도, 부부가 결단하고 서로를 좋은 사람으로 비춰주기 위해 애쓰며 산다면 처음 만들어진 내 모습을 조금씩 수정하며 갈 수 있습니다.

가정은 부부 중심으로 돌아가야 합니다. 자녀는 함께 살다가 떠날 손님입니다. 많은 인생의 선배와 정신과 의사가 말합니다.

"자녀를 집에 잠시 머물다 떠나는 손님으로 대해 주세요."

말은 쉽지만, 자녀를 손님으로 대하는 게 쉬운 일은 아닙니다. 그런데 특별히 자녀를 손님으로 대하면 가장 좋은 시기가 있습니다. 바로 청소년기입니다. 집에 묵고 가는 손님의 성적이나 태도에 지나치게 마음을 쏟는 사람은 없습니다.

부부가 한마음이 되어 서로를 긍정적으로 비춰주는 건, 자녀 유무, 자녀의 나이와 무관하게 지금 바로 선택해서 할 수 있습니다. 부모가 자녀의 감정에 충분히 주의를 기울이고, 공감하며 키우듯이 배우자를 정직하게 대해주기 시작하는 겁니다. 그런데 이게 가능해지려면 내가 먼저 자신의 마음에 정직해야 합니다. 타인의 기준으로 사는 삶을 멈춰 보세요. 여기서 타인은 어쩌면 부모, 혹은 나를 나로 만든 가장 중요한 사람이겠지요. 부모의 기대와 기준에서 내려와서 내 마음의 소리를 따라가 보세요. 자신을 향해 가혹한 생각이 들거든 반문해 주세요.

'이게 정말 내 마음인가?'

'이건 내 말인가? 엄마/아빠의 말인가?

'한 번뿐인 내 인생에 내가 왜 나 자신에게 이렇게 가혹한 말을 하지?'

덧칠하고 새 그림을 그리면 됩니다

태어나 1~3년, 학자들이 말하는 가장 중요한 이 시기에 성격이 형성됩니다. 그러나 그게 평생 고정되어 있어서 변화할 수 없다면 우리에게는 희망이 없습니다. 부모라는 거울이 나를 썩 괜찮은 사람으로 비춰주지 않았을 수도 있습니다. 그건 어쩔 수가 없습니다. 내가 부모를 선택해서 태어난 게 아니니까요. 사람이 어쩔 수 없는 영역, 내가 통제할 수 없는 일에 매달리는 순간 불행해집니다.

우리는 계속 좌절하고 상처받으며 삽니다. 자녀에게 좋은 것만 주고 싶지만 그런 인생은 없다는 걸 이미 아실 것입니다. 자녀는 적절한 좌절을 경험하며 성장합니다. 부모는 자녀를 치명적인 사건·사고로부터 보호하기 위해 노력하면 됩니다. 성장을 위한 적절한 실패까지도 막아버리면 자녀는 성장의 기회를 잃어버리는 것입니다. 어쩌면 부모는 자녀가 너무 귀하고 소중해서, 마냥 꽃길만 갈 수 있게 주변을 다 통제하고 길을 깔아 주고 싶은 심정일지도 모르겠네요. 불가능한 일이지만요. 부모가 의도하지 않아도 자녀에게 상처를 주게 됩니다. 괜찮은 부모가 되고 싶었지만 그렇지 못한 날들도 있습니다. 그래서 자꾸 죄책감이 듭니다. 그러나 죄책감은 사람을 무기력하게 합니다. 더 심해지면 우울로 가지요. 나 자신과 자녀에게 죄책감을 가지는 대신 '덧칠하고 새 그림을 그려 가면 된다.'라고 수시로 말해 주세요.

낙서가 가득한 벽에 화사한 페인트를 칠하는 장면을 떠올려 보세요. 우리는 관계 안에 그 작업을 하며 사는 겁니다. 나와 내 부모 간에도 그렇고요, 나와 배우자, 나와 내 자녀 사이도 그렇습니다. 서로 주고받은 상처가 있지만 덧칠하며 가는 겁니다. 내 상처에 직면하고, 나와 내 부모, 부부관계, 그리고 마지막으로 나와 내 자녀 사이를 수시로 덧칠하며 가는 거죠. 이때 덧칠은 배움과 깨달음, 그리고 그걸 연습하는 과정을 말합니다. 좀 이해하기 편하게 덧칠해서 더러움을 덮고 새 그림을 그리며 가는 거로 표현했지만, 이 작업은 사실 참 어렵습니다. 훈습이라고 하는데요, 무의식적으로 그냥 살던 나에서 벗어나 이제 그걸 알아차리고 나를 이해하고, 삶을 수정해가는 과정을 말합니다. 반복적으로, 점진적으로 정교하게 배우고 탐색하고 깨달아 실천하는 지루하고도 험난한 과정입니다. 다 끝내지 못하고 삶이 끝나겠지만, 모르고 끌려가는 삶에서 덧칠하고 새로운 그림을 그려 가는 주도적인 삶을 사는 새 길을 갈 수 있으니 충분히 도전할 가치가 있겠지요?

자신의 생각과 감정을 있는 그대로 인정하고 긍정해 주세요

인생은 대체로 어렵습니다. 오죽하면 인생을 고해 苦海 라고 하겠습니까? 제 스승님은 종종 이런 말씀을 하셨습니다.

"인생은 대체로 고통스럽고, 가끔 한 번씩 햇빛이 드는 날이 있다."

삶의 고통은 보편적이라고 봐도 무방합니다. 정말 제 은사님 말씀처럼 고통이 주를 이루고, 햇살 좋은 날이 가끔 있습니다. 그러니 좌절하고 실망하는 순간에 올라오는 부정적인 감정들을 꾹꾹 눌러 참거나 부인하는 대신, 인정하고 가는 게 훨씬 현명합니다. 내가 부족하고 연약한 존재임을 마주하는 기분이 유쾌할 리 만무합니다. 그러나 어쩌겠어요. 나도 너도, 우리 모두 그런걸요. 내 생각과 감정을 있는 그대로 인정하고 긍정해 주세요. 억제하고 부인하는 방법보다 있는 그대로 내 생각과 감정을 인정하는 게 더 큰 용기입니다. 심리학자 알프레드 아들러 Alfred Adler 가 말한 '불완전한 자신을 수용할 용기 노안영, 2016 '지요.

제가 공부할 때 했던 방법인데요. 자신이 좋은 점 good 과 안 좋은 점 bad 을 모두 가진 사람이라고, 내 생각과 감정 역시 긍정적인 것과 부정적인 섯이 모두 있다고 독백처럼 말해 보는 겁니다. 우리 뇌는 자기 목소리를 가장 잘 기억한다고 합니다. 그러니 자기 녹백이 생각보다 도움이 될 겁니다. 자, 이렇게 해보시는 겁니다.

"나는 이기적이야. 그래, 근데 난 이타적이기도 해. 나밖에 모르는 날도 많지만 빠듯한 살림에서 쪼개서 정기 기부도 하잖아. 난 이기적이기도 하고 이타적이기도 해."

"나는 게으르지. 소파에 누우면 일어나지 않고 할 일을 미룰 때가 많아. 그런데 나 혼자 아이들 데리고 3년 동안 전국 방방곡곡 여행을 다녔어. 원하고 필요한 순간에 난 정말 부지런해. 게으르기도 하고, 부지런하기도 한 사람이 바로 나야."

"나는 딸이 너무 미운 날도 많지만 정말 사랑하기도 해. 나는 우리 딸에게 하나뿐인 엄마야. 이런 나를 내가 받아들인다."

"나는 평소에 아이들과 긴 시간을 함께하지는 못했어. 그래도 휴가는 한 번도 놓치지 않고 아이들과 보냈어. 이만하면 무난한 아빠라고 할 수 있지 않을까? 나를 내가 인정하고 받아들인다."

부모가 자기 자신에게 충실하게 하루하루를 살며
책임감 있게 인생길을 걷다 보면,
성숙해가는 부모와 성장하는 자녀가
만나는 순간이 올 거라고 믿습니다.

Chapter 3

공감 대화

1   공감이란?

"공감은 상상을 통하여 자신을 다른 사람의 생각, 느낌 및 행동 속으로 위치를 바꿔 보는 것이다. Allport, 1961 "

"공감은 다른 사람의 내적 준거틀을 정확하게 그것의 감정적 요소와 거기에 관련된 의미를 '마치'라는 사실을 망각함 없이 마치 자신이 그 사람인 것처럼 자각하는 상태다. Rogers, 1959 "

"공감은 쉽게 말해 상대방의 눈으로 보는 것처럼 보고, 귀로 듣는 것처럼 듣고, 코로 냄새 맡는 것처럼 냄새 맡고, 혀로 맛보는 것처럼 맛보고, 피부로 감각 하는 것처럼 감각 하는 것을 말한다. 자신을 잠시 젖혀 놓고, 상대방의 내면으로 들어가 마치 자신이 상대방인 것처럼 생각하고 느껴 보고 행동하는 것이다. 그러기 위해서 모든 선입견과 선지식을 버리고, 순수한 마음으로 상대방의 이야기를 경청하고, 그 속으로 뛰어들어가야 한다. 그러다 보면 어느 한순간 메아리가 되어 되돌아오듯, 울림판이 공명하듯, 하나가 된 느낌이 들고, 아울러 상대방의 문제 해결에 대한 통찰을 얻게 된다 박성희, 2001 ."

공감 共感 은 '남의 감정, 의견, 주장 따위에 대하여 자기도 그렇다고 느낀다'는 상태입니다. 자신이 '마치' 상대방이 된 것처럼 이해하고 느끼려니 두 사람이 '하나가 된다'는 점이 강조됩니다. 그러나 '마치' 입니다. 결국, 나는 나 자신으로 돌아와야 합니다.

공감은 사람을 변화시키는 중요한 요인입니다. 그러나 단순하게 타인의 처지에서 생각하는 수준이 아닙니다. 다른 사람의 생각을 포함해서 그가 어떻게 세상을 보고, 경험하고, 인지하는지까지 깊이 이해하는 것을 공감이라고 볼 수 있으니까요. 단순히 "그랬구나", "그런가 보네"하는 게 공감이 아닙니다. 공감은 타인의 신발을 신어 보는 것입니다. 그 사람의 세계로 들어가 그의 경험을 함께 나누는 것을 의미합니다. 일반적이고 단순한 공감이 말하는 사람의 감정에 반응하는 수준이라면, 깊은 공감, 진짜 공감은 상대가 정말 하고 싶었던 말, 표현한 감정과 그 이상의 마음을 두고 대화하는 수준입니다. 정말 고차원적이지요? 쉽게 "공감해.", "공감한다"라고 말하지만 사실 공감은 참 어려운 영역입니다. 단순히 상대와 같은 마음이 되는 동감 同感 이 아니라 타인의 신발을 신는, 그래서 아주 깊이 이해하지만 그 신발이 내 것은 아닌 객관성을 유지하는 것이 공감 共感 입니다. 내 마음대로 생각하고 판단한 내용을 상대에게 말하는 의사소통의 걸림돌, 'You-Message'는 공감의 대화가 아닙니다.

공감 대화도 이런 개념으로 이해하면 좋습니다. 가족 안에서 누구와 대화를 하든, 그 순간은 충만하게 그 사람이 되는 것입니다. 그의 세계로 들어가서 익숙해지는 수준, 즉 그의 신발을 내가 신고 걷는 경험을 대화 중에 하는 거죠. 그러니 의사소통의 걸림돌이 되는 충고-조언-평가-판단을 하지 않게 됩니다. 타인의 신발을 신고 걸으며 발이 아픈지, 신발이 너무 커서 헐떡거리는지 그의 입장이 되어 느껴 보고, 내가 느낀 것이 정확한지 자주 확인·점검하고 그의 반응을 통해 안내받으면 상대방의 내면세계에서 함께 걸을 수 있습니다.

2 공감하는 대화

이제 공감 대화는 어떻게 하는 건지 하나씩 살펴보겠습니다. 앞서 자녀의 문제일 때 적극적인 경청으로 자녀의 이야기를 들으면서 시작했었지요? 일상에서 공감 대화를 하는 방법도 같습니다. 일단 들을 준비를 하고 시작합니다. 내 마음을 비우고, 상대의 것으로 채울 준비를 하는 것입니다. 공감하는 대화의 시작은 '내 그릇 비우기'입니다.

"우리가 가족이지만 엄밀히 말하면 남이지. 그러니 나는 몰라. 네가 이야기를 해 줘. 그러면 내가 잘 들을게."

"나는 네 이야기를 들을 준비가 되어 있어. 혹시 도움이 필요하다면 도울 준비도 되어 있어."

"나는 네 편이야. 무슨 말이든 해도 돼."

공감하며 듣기

공감하며 듣는 방법은 두 가지로 나눌 수 있습니다. 먼저 말하는 사람에게 관심을 기울이고, 상대가 계속 이야기할 수 있도록 고개를 끄덕이며 "아, 그래?", "그렇구나.", "아이고, 어쩌니?" 등의 표현을 하는 정도의 소극적인 듣기가 있습니다. 이때 '소극적'은 활동이 크지 않다는 의미입니다. '소심하다', '의지가 많지 않다' 등의 부정적 의미가 아니라는 걸 미리 밝힙니다. 많은 말을 하지 않고 관심과 공감, 안타까움이나 기쁨, 놀라움 등의 표현을 하는 수준의 듣기 단계를 국어 교과서에서 일반적으로 '소극적으로 듣기'라고 표현하는 걸 보셨을 겁니다. '내가 너에게 관심이 있어. 나는 네 이야기를 들을 준비가 되어 있으니 계속 이야기해 봐.'라는 메시지를 전하는 단계입니다. 자녀의 이야기에 다음과 같은 반응을 하며 듣는다면 공감하는 듣기를 이미 잘하고 계시는 것입니다.

관심 표현	그래? 그렇구나. 그 다음에는? 좀 더 자세히 이야기해줄래? ~에 대한 네 생각은 어때?
동감 표현	그러게, 정말 그렇겠다. 그렇고말고.
안타까움 표현	엄마야, 저런! 아이고, 어쩜 좋아!
기쁨 표현	와우! 와! 정말 좋다! 완전 좋아! 잘됐다. 너무 기뻐! 신난다!
놀라움 표현	어머나! 어머, 진짜? 정말?

감정을 읽어주고 반영하는 듣기는 적극적 듣기입니다. 그러나 듣기가 늘 적극적인 단계까지 연결되지 않더라도 괜찮습니다. 사람과 상황에 따라 다를 수 있거든요. 어떻게 매번 그렇게 할 수 있겠어요. 소극적인 듣기를 주로 하더라도 서로를 향한 이해와 친밀감, 끈끈한 유대관계가 있다면 얼마든지 힘이 됩니다. 적극적인 듣기는 자녀 문제일 때 사용하는, 자녀의 감정을 반영해 주거나 이야기의 요약·재구성·질문과 같은 피드백을 하는 과정입니다. 아이들이 한 말을 이해한 대로 풀어서 다시 말하며 확인해도 좋고요, 열심히 듣다가 자녀의 감정이 '~ 이럴 것이다.' 하고 짐작 가는 걸 물어보면 이 또한 풍성한 대화로 연결됩니다.

공감하며 말하기

공감하며 말할 때도 일단 내 마음 그릇을 비우고 시작해야 합니다. 들을 때 내 마음을 비우고 상대의 말을 듣는 편 이해가 금방 되는데, 말할 때도 그렇다는 게 좀 의아한가요? 말할 때, 내 생각으로 상대보다 앞서가지 않고 있는 그대로를 관찰해야 하거든요. 관찰로 대화의 문을 열고, 이후 내 느낌·상황에 따라 필요를 말하는 단계로 이어지는 게 공감하며 말하는 방법입니다. 일단 대화에 앞서 이렇게 두 가지를 준비해주세요.

1) 내 마음을 비운다.
2) 타인의 상처를 건드리지 않는, 따뜻한 가슴으로 하는 대화를 하기로 마음먹는다.

우리는 가정을 포함한 많은 공동체 안에서 사람들과 잘 살기 위해 대화를 하는 겁니다. 그러니 대화 중에 남의 아픔을 물어뜯거나 비아냥거리지 않는 게 중요합니다. 초원에서 평온하게 풀을 뜯는 초식동물의 다정함을 떠올려 보세요. 대화가 그렇게 평화롭다면 얼마나 좋을까요? 그러나 중요한 게 또 있습니다. 사자가 공격하면 기린이나 얼룩말과 같은 초식동물들은 자기 보호를 위해 뒷발질을 합니다. 그때 사자가 순간적으로 기절하기도 합니다. 이걸 대화로 가져오면, 자기 돌봄이 있다는 걸 의미합니다. 타인의 기분에 맞추기 위해 마냥 좋다고 호응해 주거나 "네", "응"이라고 답하지 않고, 자신에게 먼저 정직하고 다정한 것입니다.

우리 안에는 다정하고 평화롭게 풀을 뜯고 어울리는 풍경을 떠오르게 하는 공감 대화의 씨앗과 날 선 말로 상처를 주고받는 (칼)날 선 대화의 씨앗 모두 다 있습니다. 어떤 대화를 할지 선택할 수 있다는 거지요. 어느 쪽이든 우리가 물을 주는 대화 기술이 싹 트고 자랄 겁니다. 씨앗과 싹은 어떨지 모르겠지만 그 열매는 큰 차이가 있습니다. 자, 어떤 대화를 하시겠어요? 물론 답은 정해져 있지요?

1. 마음 준비
- 내 마음 비우기
- 상처 주지 않는 대화 하기로 마음먹기

2. 관찰한 사실만 담백하게 말하기

3. 기분, 감정 이야기하기

4. 욕구를 표현하기

5. 정중하게 요청하기

마음 작업이 끝났다면, 이제 평가하지 않고 관찰하며 시작합니다. 있는 그대로 담백하게 표현해 보세요. 말을 할 때 내 생각과 평가를 넣지 않는 것입니다.

예를 들어 아들이 아빠 엄마와 약속한 시각보다 30분 늦게 도착했다면, "너무 늦었잖아.", "그렇게 여러 번 말했는데 30분이나 늦으면 어떻게 해?"라고 시작하는 게 아니라, 담백하게 "약속한 시각이 2시인데, 지금 2시 30분이야. 30분 지나서 왔어."라고만 말하는 겁니다. 좀 낯선가요? 평소 하던 말과 다르다면 익숙하지 않겠지요. 그러니 더욱 기억해 주세요. 대화는 관찰로 시작합니다. 사실을 말하는 것입니다.

"자꾸 늦는다", "또 늦었네" (평가)

vs

"30분 늦게 왔구나." (관찰한 사실)

있는 그대로, 누구나 동의할 수 있는 것을 말하면 됩니다. 우리는 흔히 '내 기준에 못 미치면' 모자라다, 부족하다고 평가하고, '내 기준 보다 넘치면' 별난 사람으로 타인을 평가합니다. 그러나 여기서 말하는 관찰은 카메라로 사진을 찍듯 말하는 것입니다. 평가와 비판 ^{비난과 판단}, 생각을 다 빼고요.

두 번째는 감정, 기분을 이야기하는 단계입니다. 생각이나 해석을 전달하는 게 아니라 내 느낌을 말하면 됩니다. 우리는 내 기분, 감정을 말한다고 하면서 너무 쉽게 생각(해석)을 말합니다. 예를 들면 이런 거죠.

"너에게 무시당한 기분이네." (생각, 해석)
"내가 아주 두 손 두 발 다 들었다." (생각, 해석)
vs
"기다리면서 좀 걱정했어." (감정, 기분)
"무슨 일 있나 마음이 불안하고 초조했네." (감정, 기분)

다음은 자신의 욕구를 말하는 단계입니다. 느낌 뒤에 어떤 욕구가 있는지 말하는 것입니다. 이 욕구는 학자마다 좀 다르게 표현하는데, 진짜 원하는 거, 정말 중요한 내 기대와 간절함 등을 의미합니다. 내 마음을 움직인 느낌 뒤에 있는 욕구를 표현하는 연습을 하면 정말 좋습니다. 욕구는 참 다양합니다.

자신의 꿈이나 목표, 가치를 선택하고 그에 따른 방법을 선택할 자유 ^{자율성}, 신체적으로 안전하고 편안하고 돌봄 받고 싶은 신체 보호와 생존, 사회적/정서적으로 채워지고 싶은 친밀감, 봉사·인정·사랑·즐거움과 재미의 욕구, 자기존중과 존재감, 꿈 등의 진실성의 욕구, 효능감·희망·열정, 기여하거나 도전하는 삶의 의미 추구, 그리고 아름다움과 여유, 평등, 조화를 원하는 아름다움과 평화의 욕구, 창조하고 성장, 생산, 자기표현을 하는 자기구현의 욕구 등이 있습니다.

"나는 함께 시간을 보내고 싶었거든." (함께 하고 싶은 친밀감(욕구))
"나는 예측이 가능해야 좋거든." (예측이 가능한 안정감(욕구))

마지막은 요청입니다. 강요 대신 실현 가능한 행동을 구체적으로, 정중하게 말하는 게 요청입니다. 상대가 그 부탁에 "NO"라고 말해도 수용할 수 있어야 합니다. 선택권이 부탁을 받는 상대에게 있다는 것까지 알고 인정해야 진짜 요청입니다. "~하지 마.", "~해야 해", "해야만 해."는 요청이 아니라 요구입니다. 더 정확하게는 '꼭 그렇게 해야 하거나 하지 말아야 한다'는 강요입니다. 강요는 상대에게 선택의 여지를 주지 않는 표현입니다. 자녀에게 부탁이라고 말해 놓고 아이들이 거절했을 때 거기에 따른 제재를 가하는 경우가 있지요? 그러면 그건 자녀에게 선택권을 주지 않고 그냥 하게 만드는 강요입니다.

또 중요한 점이 있습니다. 모호하게 말하지 않는 겁니다. 지금, 바로 조금이라도 실천 가능한 것을 부탁하는 것입니다. 행동을 구체적으로 말하면 더 좋습니다. 부모가 문제를 소유할 때 사용한 훈육의 기술과 똑같지 않습니까? 그래서 훈육은 혼내는 게 아니라 대화로 자녀에게 좋은 방법을 가르치는 과정입니다. 부모가 견디기 힘든 불편한 상황일 때, 자녀에게 바른 언행을 가르쳐 주어야 할 때, 비난하거나 화내지 않고 공감의 대화 단계를 따라 관찰하고 느낌과 욕구, 그리고 부탁의 말을 하는 것입니다.

"또 약속에 늦으면 안 돼. 늦지 마! 알았지?" (강요)

vs

"무슨 일로 늦었는지 나에게 말해 줄 수 있겠니?" (요청)

감정단어

기쁨, 행복	화남,분노	두려움
기쁘다	화난다	
괜찮다	불쾌하다	
좋다	심란하다	
흡족하다	속상하다	
여유롭다	약 오른다	걱정된다
편안하다	신경질 난다	초조하다
느긋하다	짜증 난다	예민하다
행복하다	분하다	긴장된다
감동적이다	억울하다	두렵다
신난다	절망적이다	불안하다
만족스럽다	답답하다	막막하다
안심된다	서운하다	공포스럽다
마음이 가볍다	불만이다	무섭다
즐겁다	유감이다	겁난다
황홀하다	지겹다	오싹하다
짜릿하다	미치겠다	끔찍하다
시원하다	치 떨린다	
흥분된다	증오스럽다	
	울화가 치민다	

부끄러움	사랑, 희망
주눅 든다	사랑스럽다
당황스럽다	사랑받는 느낌이 든다
겸연쩍다	존경받는 기분이다
의기소침하다	용기가 난다
불편하다	열정이 느껴진다
곤혹스럽다	보살핌 받는 기분이다
창피하다	평화롭다
죄책감이 든다	뿌듯하다
미안하다	자랑스럽다
수치스럽다	자유롭다
망신스럽다	대단한 사람이 된 기분이다
모멸감이 느껴진다	꼭 필요한 존재가 된 느낌이다
후회된다	자신감이 든다

강의 현장에서 자주 사용하는 감정, 욕구 단어입니다. 비폭력 대화에서 사용하는 감정, 욕구 목록을 재구성해서 사용하기도 하고, 각종 감정-욕구 단어 카드를 활용하기도 합니다.

욕구단어

생존 생리	공기, 호흡, 수면, 체온 유지, 물, 주거, 휴식, 수면, 편안함, 애착, 스킨십, 성적 표현과 행동, 따뜻함, 생존을 위한 의존, 자유로운 활동, 운동, 돌봄과 보호받음
안전	안전, 안정, 예측 가능, 일관성, 자기 보호, 정서적 안정, 신뢰, 건강, 이동의 자유, 물질 자원, 질서, 규칙성, 치료, 회복, 안전을 위한 의존
소속감 애정	소속감, 공동체, 친밀감, 유대, 소통, 배려, 상호관계, 나눔, 공감, 이해, 수용, 지지, 협력, 도움, 감사, 위로, 허용, 우정, 사랑, 호감, 정직, 확신, 봉사, 연결.
자기존중 존경	자유, 자신감, 독립, 인정, 존중, 존경, 능력 발휘, 사신의 꿈과 목표, 가치를 선택할 자유, 존재감, 개성.
삶의 의미	기여, 능력, 도전, 축하, 애도, 기념, 깨달음, 참여, 회복, 효능감, 희망, 열정
아름다움	아름다움, 조화, 질서, 평화, 교감, 여유, 홀가분함
즐거움	즐거움, 재미, 흥, 유머
자아실현	성취, 배움, 생산, 성장, 창조성, 치유, 숙련, 전문성, 가르침, 깨달음, 자기표현, 지혜, 명확한 자기 의사 표현, 자기 신뢰, 자신감
자기 초월	기여, 봉사, 영성

3 자기 공감

심리학자 칼 로저스 Carl Ransom Rogers 는 공감은 타인의 세계가 마치 내 사적인 세계인 것처럼 느끼면서도, 그것이 진짜 내 세계는 아니라는 사실을 인식하는 거라고 말했습니다. 이 공감이 상담 현장에서는 필수입니다. 동양에서도 공감을 아주 잘 표현한 말이 있습니다. '역지사지 易地思之 ' 공감의 시작은 역지사지입니다. 상대의 신발을 신고 걸어 보는 것입니다. 그러나 그 신발, 타인의 감정이 내 것은 아니지요. 다른 사람의 세계가 내 것인 것처럼 느끼면서도, 나와는 다른 사람의 또 다른 세상임을 인정하려면 선행되어야 할 것이 있습니다. 바로 자기를 잘 아는 것입니다. 자신을 사랑하고 수용하는 사람이 배우자와 자녀를 사랑하고 수용할 수 있듯이 공감도 그렇습니다. 내 마음을 먼저 알아주는 사람, 자기 공감을 할 줄 아는 사람이 다른 사람에게도 공감하고 좋은 관계를 맺어 갈 수 있습니다.

타인에게 공감하듯, 혹은 공감하려고 애쓰듯이 내 마음을 스스로 알아주고, 이해해 줄 수 있나요? 타인을 향한 공감 이전에 자기 공감이 먼저입니다. '자기 공감이 먼저다.'라는 말이 낯설게 느껴지나요? 어렵게 생각하지 않아도 됩니다. 스스로 자기 감정을 알아주고 공감하는 게 다른 사람과 공감하는 것보다 먼저임을 의미합니다. 예를 들어보겠습니다. 비행기를 타면 기내 기압에 문제가 생겼을 경우 승객 좌석의 위 선반에서 산소마스크가 내려옵니다. 이때 착용 순서는 내가 먼저 하는 겁니다. 성인과 아동이 함께 있을 경우 성인이 먼저 착용하고, 동반자^{아동}를 도와주라고 비행기를 탈 때마다 승무원이 안내합니다. 그런 위기 상황에서는 10초면 정신을 잃을 수 있다고 합니다. 그래서 정신이 있는 건강한 상태일 때 보호자가 산소마스크를 먼저 착용하고, 동반자^{아동}의 착용을 도우라는 거죠.

자녀를 양육하는 건 정말 어려운 일입니다. 한 사람을 키우는 일이 쉽다고 말한다면 그것은 거짓말입니다. 아이들을 키우는 일도 어렵고, 한 번뿐인 우리의 삶을 사는 그 자체도 어려운 일이라는 것을 인정하고 시작해야 합니다. 그렇지 않으면 상황이 좋지 않을 때 자신을 공감하고 위로하기보다 자기를 비난, 심지어 공격할 수도 있거든요. 특별히 완벽주의나 자기 통제 욕구가 강한 사람은 더욱 그러기 쉽습니다.

자신에게 관대해지면 세상이 달라집니다. 그토록 바라던 넉넉한 부모가 되는 첫걸음은 자신에게 관대해지는 것, 자기 공감을 실천하는 지점에서 출발합니다. 나를 둘러싼 환경을 스스로 완벽하게 통제하기 어려우니 자신을 비난하며 자기를 통제하려는 건 참 좋지 못한 습관입니다. 상황도 어려운데 자신을 공격하는 데 힘을 쓰면 금방 소진하게 되니까요. 그래서 자기 돌봄이 중요하고, 자기 공감이 중요합니다. 아무리 강조해도 지나치지 않습니다.

일상에서 쉽게 할 수 있는 자기 공감 방법을 소개합니다. 서울시 COVID19 심리지원단에서 안내한 1분 30초 '자기 공감' 방법[1]입니다. 일과를 마치고 잠시 숨을 돌리며 해도 좋고 마음이 지칠 때, 마음이 약해져서 의기소침해질 때 자신의 마음에 공감하는 연습을 해보세요.

1. 자신에게 말해주기 1 (10초~30초)

"모두가 힘든 시간이야.
우리는 지금 힘들고, 또 상처받고 있어."
그렇지만 다행스럽게도 우린 혼자가 아니고, 해야 할 일에 최선을 다하고 있고, 주변의 모두가 함께 이겨내려고 애쓰고 있어.
지금 제일 중요한 일 중 하나는 나 자신을 돌보는 거야.

2. 자기 공감 행동 (30초 내외) (행동도 함께 합니다.)

마음이 가슴 속에 있다고 생각하고, 당신의 가슴을 두 손으로 포개면서 가슴 속 마음을 꺼내어 당신의 두 손 위에 살포시 얹어 주세요.
마음을 두 손으로 감싸주고, 지친 마음을 온기를 불어넣어 따뜻하게 해주고, 잘 보듬어주시고 쓰다듬어주세요.

3. 자신에게 말해주기 2 (15~30초 내외) 그리고 나에게 말해 줍니다.

"나부터 나에게 잘해주자."
"내게 필요한 것을 나에게 해 주자."

---

1 마음 영양제 자기 공감은 버클리대 Greater Good 과학 센터의 self-compassion 명상 내용과 크리스 거머의 self-compassion short break를 참고하고 고려하여 서울시 covid19 심리지원단 김현수 정신과 전문의가 변형하고 재구성한 내용입니다.
Greater Good Science Center, Self-Compassion Break : A healthier way to deal with stressful situations

만일 위 두 문장으로 부족하면 다음의 문장
혹은 나 스스로 필요한 문장을 자신에게 해주세요.
- 잘 받아들이자 – 용서하자 – 강해지자 – 잘 참아내자 – 사랑하며 살아가자-

 나에게 말해 주는 것이 어려우면,
사랑하는 친구나 다른 가족에게 해주고 싶었던 말을 꺼내서 해주셔도 됩니다.
그분에게 좋은 영향이 갈 따뜻한 말을 해주세요.
대단하진 않겠지만 마음이 따뜻해지고 마음이 다시 뿌듯해지고,
그래서 발걸음이 반걸음 빨라지면 다행일 것 같아요.

자기 공감은 자신의 고통을 알아차리고 덜어주고자 하는 것이다.
먼저 '자신'이 고통받는 사람임을 인식하고,
그다음 자신의 고통을 덜어주고 싶은 마음을 느끼며,
마지막으로 고통이란 모든 인간의 고통적인 운명임을 상기한다.

- <하버드 회복탄력성 수업> p 185.

타인을 향해 따뜻한 마음, 이해하려는 연민을 가지고 보려는 공감의
대화 기술을 나에게 먼저 적용해 보세요.

'나도 사람이지. 내가 요즘 너무 지쳤나 보다. 쉬자, 잘 쉬자. 그래야 또 일할 수 있어',
'나에게 잘해주자. 그게 먼저다',
'나에게 관대해야 가족에게도 여유를 가지고 대할 수 있다.'

의사소통 걸림돌을 피해 주세요

1. 보따리 자랑

가지고 있는 보따리, 자기 이야기를 하는 겁니다. 다른 사람과의 대화에서 "네가 겪은 건 일도 아니다. 내가 더 힘들었다." 이런 말을 하는 사람들이 있습니다. 중요한 자기 이야기를 하는 사람 앞에서 한술 더 떠서 "내가 더 힘들었다, 나는 그보다 더한 일도 경험했다." 혹은 "지나면 별일 아니다. 나를 포함해서 많은 사람이 겪었다."라고 말하는 거죠.

무슨 대화를 하든 이야기가 결국 자기에게로 귀결되는 대화를 하는 사람이 있습니다. 사람이 나빠서가 아니라 공감하는 대화를 할 줄 몰라서입니다. 공감 능력이 부족하니 대화를 자기에게 가져와서 끝을 내는 것입니다. 처음에는 잘 못 느낄 수 있지만, 시간이 지날수록 '어후, 내가 힘들다는데 엄마는 왜 저래?', ' "결국, 아빠는 더 고생했다. 정신 차려라!"로 끝나겠지?'라고 생각할 수 있습니다. 이런 경험이 쌓이면 아이들은 부모와의 대화 자체가 싫어질 수 있습니다. 어른이 볼 때는 아이들이 지금 겪는 일들이 지나고 나면 그렇게 큰일이 아닐 겁니다. 겪으며 배우고 지나가는 거니까요. 물론 부모의 경험은 자녀에게 도움이 됩니다. 미리 알아두면 좋은 이야기도 많지요. 다만 이때 과하지 않게 1절만 해주세요. 그래야 보따리 자랑이 되지 않겠지요?

2. 빈도 부사

'항상', '만날', '또' 이 세 가지 빈도 부사는 대화를 망치는 걸림돌입니다.

항상:

"넌 항상 그래." 자녀 자체를 비난하는 말입니다. 부모는 자녀가 그릇된 행동을 자주 하는 게 마음에 안 들어서 고치라고 하는 표현이지만 자녀에게는 "너는 그렇게 생겨 먹었어."라고 들립니다. '항상'이란 '전부', 'all'을 뜻하거든요. 그러니 "넌 항상 그래."라는 말은 "넌 그런 인간이야."라는, 존재를 비난하는 화살이 됩니다.

만날:

"아주 거짓말이 입에 붙었어. 만날 거짓말이야." 말할 때는 "맨날"이라고 하지만 '맨날'은 '萬날'입니다. "넌 千날 萬날, 매일매일, 그래."라는 지적이 되는 거지요. 자녀가 거짓말을 해서 훈계하고 고쳐주고 싶은 게 부모 마음입니다. "너는 매일매일 그런 아이야."라고 부정적인 자아상을 심어주려는 게 목적이 아니지요. 기억해 주세요. 흔하게 사용하던 "맨날"은 "만날, 매일매일"이라는, 자녀를 향한 정서적

손가락질입니다.

또:

"왜 그래 정말? 왜 또 그래?" 정말 자녀가 또 그래서 하는 말이기도 하지요. 고쳐지지 않는 좋지 않은 언행을 볼 때 자동으로 나오는 말입니다. "왜 또 그래?", "또 그러네." 이런 말을 들으면 어떠세요? 기분이 나빠지면서 '뭐라고? 내가 언제? 뭘 또 그랬어?' 하는 생각이 들지 않나요? 보통 "왜 또 그래?"라고 물으면 공격으로 느껴집니다.

'또'라는 단어에 걸려서 대화의 주제가 사라집니다. "내가 뭘, 내가 언제 또 그랬어? 엄마야말로 또 그러네. 엄마는 왜 만날 그래요?" 자녀가 날 선 말로 받아치지 않나요? 결국 하려던 이야기는 사라지고 빈도 부사에 걸려서 부모와 자녀 모두 감정 상한 말만 하다가 입을 다물게 됩니다. 더 유치하게는 막연하게 빈도 부사를 사용하지 않고 '몇 월 며칠에 이랬다.'라고 정말 쓰고 세어 보는 사람도 봤습니다. 결과는 어땠을까요? 그 관계는 돌이킬 수 없이 파탄으로 마무리되었습니다.

빈도 부사는 당장 '이 말들은 쓰지 말아야지.'라고 결심한다고 해서 바로 안 나오지는 않습니다. 오죽하면 강의 중에 어떤 부모님이 "아니, 그럼 대체 무슨 말을 합니까? 애들에게 말을 하지 말라는 건가요?"라고 물으신 적도 있으니까요. 네, 하루아침에 고칠 수는 없습니다. 언어는 습관이라 쉽게 고쳐지지 않거든요.

그러나 '내가 이런 말을 종종 사용하지. 그런데 좋지 못한 언어습관이니 고쳐보자.'라고 인식을 하고 있다가 습관적으로 그 말이 나오면 정정하며 시작하시면 됩니다. "또 그런다."라고 무심코 나왔다면 얼른 정정하는 겁니다. "아, 또 그런 건 아니지. 올봄에 이런 일이 있었지? 난 그렇게 기억하는데 맞니? 그 이야기를 좀 해보자.", "미안, 또는 아니지. 그렇지만 처음은 아니잖아. 그래서 좀 속상하네." 하면 됩니다. 본래 주제에서 벗어나지 않고, 자녀를 비난하지 않기 위해 신경을 쓰며 대화하는 겁니다. 이런 노력을 일주일만 해도 가족이 압니다. 세련된 언어는 배우고 연습해야 하는 기술입니다. 그래서 희망이 있습니다. 타고난 거라서 절대 바꿀 수 없는 게 아니기 때문입니다.

3. 긴 설명

부모는 잘 알려수려고 길게 말하지만, 자녀 귀에는 들리지 않습니다. 좋은 말을 길게 설명해서 타인을 지루하게 만드는 언어습관이 있는 어른들이 있습니다. 이런 사람의 특징은 두 가지입니다. 친절이 과한 사람과 본인이 그렇게 길게, 자세한 설명을 들어야 이해가 되는 사람입니다.

길게 설명해서 대화를 망치는 경우라면 이런 방법이 좋습니다. 두괄식으로 말하는 연습을 해보는 겁니다. 꼭 해야 할 말을 먼저 하면 됩니다. 그런데 두괄식으로 말하면 너무 딱딱하게 느껴진다는 분들도 있습니다. 네, 그럴 수도 있습니다. 그래서 이때 중요한 점은 존중입니다. 사무적으로 할 말만 하는 것으로 느껴지지 않도록 정중하게, 다정하게 말하는 것입니다. 눈을 맞추고 진심을 전하는 비언어 메시지가 중요한 이유가 이겁니다. 두괄식으로 할 말을 먼저 하더라도 태도가 따뜻하고 좋으면 듣는 사람이 편안함을 느낍니다.

소통을 잘하려면,

1. 문제 그 자체만 말합니다.

"해가 중천에 떴다. 진짜 왜 그러니?"

→ "둘째야, 오후 1시다."

2. 감정을 표현해주세요.

"말대꾸하지 마!"

→ "네가 그 말을 하니 아빠가 화가 난다."

→ "네가 그렇게 말하면 '엄마를 무시하는 건가?' 싶어서 속상하다."

3. 정보를 주세요.

"거기다 두지 마. 일을 왜 만들어!"

→ "거기에 음료를 두면 오다가다 모르고 건드려서 쏟는 일이 흔해."

"그걸 왜 그냥 둬. 냉장고에 넣어야지."

→ "유제품은 밖에 두면 상해."

4. 기왕이면 담백하고 깔끔하게 정리해서 말해 보세요.

"오늘 시험은 잘 봤어? 어땠어? 몇 점이야? 다른 애들은 뭐래?"
→ "오늘 시험 보느라 고생했다."
→ "애썼네."

5. 가장 걱정되는 일이나 자주 일어나는 문제는 미리 다루어 주세요.

"또 마트 가서 혼자 빨리 안 고르고 장난감 코너에서 죽치고 있으면 안 돼!"
→ "오늘 마트에서 고기랑 과일 사야 해. 장을 먼저 보고 네가 좋아하는 레고 쪽을 10분 정도 돌아볼 수 있어."

"사람 많은 데서 아빠 엄마 잃어버리면 큰일 난다."
→ "그럴 리 없겠지만 혹시라도 아쿠아리움에서 아빠 엄마 손을 놓치면 울지 말고 그 자리에 딱 서 있어. 아이들이 아빠 엄마 손 놓치면 놀라서 울면서 여기저기 돌아다녀서 찾기가 어렵대. 그러니까 아빠 엄마가 안 보이거든 그 자리에 그대로 '얼음!'하고 있으면 엄마 아빠가 반드시 찾아갈게. 알았지? 놀라더라도 어디 가지 말고 그 자리에 있으면 우리 금방 다시 만날 수 있어."

6. 사람은 감정으로 움직이는 존재입니다. 대화의 핵심은 감정입니다.

"비가 와서 놀이공원 못 가는 거잖아. 왜 계속 징징대. 그럼 어쩔 건데? 우리가 비 오라고 한 것도 아니잖아. 적당히 좀 해라. 다음에 맑은 날 다시 약속 정해서 가면 되잖아. 작작해라, 좀."

→ "비가 와서 약속한 놀이공원에 갈 수가 없어. 우리 기준이 너무 실망했지? 아빠 엄마도 정말 아쉽다. 그래도 금방 방학하니까 우리 다시 날짜 맞춰보자."

"바쁘면 그럴 수도 있잖아. 휴가 못 가는 건 아빠가 일부러 그런 게 아닌데, 알면서도 종일 그 이야기만 하니까 미치겠다."

→ "우리가 4월에 한 약속이라 계속 기다렸는데, 회사 일정 때문에 취소되니 어른인 아빠도 미안하고 속상해서 한숨이 나와. 우리 막내는 더 하겠지, 정말 섭섭하겠구나. 화내고 울 만큼 많이 서운하고 짜증나는 거지?"

타인의 신발을 신고 걸으며 발이 아픈지,
신발이 너무 커서 헐떡거리는지
그의 입장이 되어 느껴 보고,
내가 느낀 것이 정확한지 자주 확인·점검하고
그의 반응을 통해 안내받으면
상대방의 내면세계에서 함께 걸을 수 있습니다

Chapter 4

자존감과 용기, 그리고 격려

"자녀가 어떤 사람으로 자라기를 바라세요?"

　부모교육에도 유행이 있습니다. 위의 질문에 압도적으로 "배려할 줄 아는 아이로 크면 좋겠어요."라는 답이 많던 시절이 있었습니다. 최근에는 "자존감이 높은 사람이 되면 좋겠어요."가 지배적인 답입니다. 배려에서 자존감으로 건너온 모양입니다. 둘 다 꼭 필요한 자질이지요. 어디에 초점을 맞추는지 시간과 환경에 따라 조금씩 달라질 수 있습니다. 사람이 사람과 삶을 연구하는 것이니까요. 그리고 어디에 무게를 조금 더 실어주는지는 달라지지만, 건강한 인격체로 성장하기 위해 다 필요한 품성입니다. 배려, 사랑, 겸손, 감사, 자존감, 모두 중요합니다.

　이번 장에서는 높은 자존감과 용기를 가진 부모와 자녀가 되는 과정을 살펴보겠습니다. 자존감이 높고 용기 있는 사람이라면 배려와 사랑, 겸손, 그리고 감사와 같은 다른 품성들이 삶 가운데 자연스럽게 함께 자라날 수 있으니까요.

1   자존감

자존감을 두고도 몇 가지 의견이 있습니다. 자존감이 높은 사람이 인생의 모든 면에서 성공적이니 작은 성취를 많이 경험하며 자존감이 높아지도록 양육하라는 교육도 많고요, "상황에 따라 오르락내리락하는 자존감, 그게 뭐 그리 대단하다고 거기에 그렇게 집착하지? 그냥 좀 아이들을 편하게 키워라."라는 이야기도 들었습니다. 네, 모두 맞는 말입니다. 자존감이 중요한 품성인 것도 맞지요. 그렇다고 사사건건 '우리 애가 자존감이 너무 낮은 거 아니야? 자존감이 낮아서 저러나 보다. 어쩌지? 자존감이 그렇게 중요하다는데!' 하며 부모가 괴로워힐 필요도 없습니다. 자존감이 인생의 전부는 아닙니다. 다만 사람은 유한한 시간 속에서 크고 작은 선택을 계속해야 하고 그게 자존감과 연결된다는 점을 이해하면 좋습니다. 우리는 수많은 선택을 하는 자기 자신을 믿을 수 있어야 합니다. 자신을 못 믿으면 '시간은 없고, 선택할 건 많은 삶'에서 남을 따라가거나 타인과 비교하며 엉뚱한 선택을 하는 경우가 자꾸 생기게 됩니다. 나에게 선하고 좋은 선택을 하면 할수록 자신을 믿게 됩니다. 내 선택의 결과가 괜찮으니, 다음에도 그렇게 나에게 가장 잘 맞고 나에게 유익한 선택을 하면서 인생을 살 수 있겠지요. 자존감과 좋은 선택의 회로가 이렇게 연결이 됩니다. 그래서 자존감 이야기를 조금 해보겠습니다. 지나치게 걱정하지 말고 읽어주세요. 자존감은 우리가 정복해서 취해야 할 대상이 아니고, 다음과 같은 거니까요.

자존감은 사전적으로 말하자면 '자기 자신, 나의 능력, 내 가치에 대한 전반적인 평가나 평가하는 태도'입니다. 내가 나를 얼마나 능력이 있는지, 내가 뭘 할 줄 아는지, 혹은 내가 어느 만큼 가치가 있는 인간인가 스스로 내리는 평가와 태도입니다. 자신감은 '무엇을 할 줄 아는' 영역이고요, 자존감은 '내가 나를 어떻게 보는가' 하는 가치관 같은 것입니다.

자존감의 두 가지 축

자존감은 자기 존재감과 자기 효능감이라는 두 축으로 이루어져 있다는 설명이 많습니다. 또한, 외적 자존감과 내적 자존감으로 이루어져 있다는 말도 있습니다. 먼저 자존감을 자기 존재감과 자기 효능감이라는 두 축으로 살펴 보겠습니다. 자기 존재감은 이런 것입니다. '내가 무엇을 잘한다고 사랑받는 것이 아니다. 나는 그냥 존재 자체로 사랑받는 사람이다. 설령 내가 뭔가 잘하는 것이 없더라도, 극단적으로 내가 식물인간이 된다 해도 내가 믿는 신과 내 부모는 나를 버리지 않고 여전히 사랑할 것이다.' 문자 그대로 '자기 존재, 그 자체로 가치 있다, 사랑받는다'라는 믿음입니다. 자존감은 우리 머릿속에 자리 잡은 신념이고 믿음이거든요.

자기 효능감은 '나는 할 수 있다. 해볼 만하다. 한번 해보지 뭐.'와 같은, 자신이 어떤 일을 성공적으로 할 능력이 있다고 믿는 기대와 신념입니다. 자기 효능감이 높은 사람은 도전적인 과제를 만났을 때 쉽게 포기하지 않고 노력을 할 수 있겠지요.

자존감의 두 기둥이 '능력과 무관하게 생명이라는 그 존재 자체로 귀하다.'와 '할 수 있다. 해볼 만하다.'는 극과 극으로 이루어져 있는 것이 참 신기하지요? 할 수 있는 나도, 잘하지 못하는 나도 모두 '나'라는 통합이 자존감 안에 이루어져 있습니다. 스스로가 사랑받을 만한 가치가 있는 소중한 존재, 그리고 성과를 이루어 낼 만한 유능한 존재라고 자신을 인식한다면 이후 다른 문제들은 문제가 되지 않을 수도 있겠지요.

자존감이 높은 사람, 건강한 자존감을 가진 사람들의 특징을 몇 가지 적어보겠습니다.

과거의 실수에 지나치게 괴로워하지 않는다.
아직 일어나지 않은 일을 과도하게 걱정하느라 시간을 낭비하지 않는다.
과거에서 배우고 미래를 준비하며 지금-여기, 현재에 산다.

자신의 문제 해결 능력을 신뢰한다. 실패하더라도 다시 일어난다.
필요할 때 타인에게 도움을 요청할 수 있다.

인간은 존엄한 존재이므로, 모든 인간이 동등하다고 생각한다.
자신이 타인보다 우월하다고 우쭐하거나 반대로 열등하다고 움츠러들지 않는다.
개인이 가진 차이를 인정한다.

타인의 무례함에 저항할 수 있고, 자신의 불만을 정중하지만
단호한 언어로 표현할 줄 안다.
적절하고 유익한 관계에서만 타협을 추구한다.
불합리하고 정의롭지 못한 환경과 대상을 만났을 때
자기 보호를 최우선으로 한다.

자신의 선택을 신뢰하고, 혹 타인이 그것에 동의하지 않는다 해도
타인을 비난하거나 지나치게 괴로워 하지 않는다.
자기 선택을 수정할 상황이 된다면 그 또한 수용할 수 있을 만큼 안정적인 상태다.

많은 부모가 자녀에게 바라는 삶의 모습입니다. 자녀에게 바라기 이전에 부모가 자신에게 바라는 상태이기도 합니다. 많은 연구에서 부모의 자존감과 자녀의 자존감이 거의 유사하다는 결과가 나옵니다. 부모와 자식 관계가 가장 중요하고 영향을 많이 미치는 관계이니 부모와 자녀의 자존감 상태가 비례한 것은 이상한 일이 아니지요. 그러나 부모인 내 자존감이 조금 낮다고 '나 때문에 우리 애도 자존감 낮은 사람으로 크는 거 아니야?'라고 걱정하지 마세요. 자존감의 두 번째 구성을 살펴보면 희망이 있습니다.

자존감은 나에 대한 긍정적 신념인 내적 자존감과 나에 대해 타인이

가지는 신념인 외적 자존감으로 이루어졌다고 보는 학자도 있습니다. '내가 생각하는 나'와 '타인이 나를 향해 가지는 이미지'의 합이 자존감이 되는 것입니다. 설령 나 자신을 향한 긍정적인 마음이 조금 부족하더라도 주변에서 나를 칭찬하고 격려한다면 그것이 자양분이 되어 자존감이 자랄 수 있습니다.

부모인 내가 '나는 자존감이 낮아. 내 부모님이 칭찬이나 격려해 주신 일이 없었어. 작은 일에도 좌절감이 크게 느껴져. 내 안의 열등감이 나를 너무 힘들게 해. 아이들에게는 그걸 전달하고 싶지 않아. 나부터 자존감이 높아지고 싶어.'라는 생각이 든다면, 평소 나에게 충고나 조언, 평가, 지적하는 사람들과 거리를 두세요. 안전하고 지지적인 사람을 만나야 합니다. 보통 부모교육으로 모이는 소그룹 집단이나 함께 책을 읽고 나누는 독서 모임, 그리고 안전한 집단프로그램 등에서 그런 사람을 만날 수 있습니다. 원래 알고 지내던 사람들에게서 벗어나 나를 향한 새로운 의미 있는 말을 하는 사람들과 만남을 지속하면, 그 안에서 외적 자존감이 많이 회복될 수 있습니다.

자녀를 출산하고 짧게는 몇 개월에서 길게는 몇 년까지, 부모가 육아에 몰두하는 시기가 있습니다. 가사노동과 육아라는 반복적이고, 무의미하게 느껴지는 경험이 계속될 때, "잘하고 있어. 네가 하는 일은 생명을 낳고 기르는 신성한 일이야"라는 격려의 자양분이 부족하면 더 힘듭니다. 각종 미디어와 SNS에는 화려하고 행복한 육아일기가 넘쳐나는데, 나만 힘들고 못 하는 것 같은 기분, 고립된 기분이 내적 자존감을 더욱 끌어내리지요. 물론 육아 자체를 기뻐하는 부모도 있습니다. 몸과 마음이 지치는 순간도 있지만 쉬고 나면 다시 힘이 차올라서 어려움 없이 그 시간을 보내는 분들은 큰 행운을 누리는 분입니다. 그러나 지치는 수준이 아니라 가사노동과 육아가 너무 힘들어서, 그 일 자체가 사라지지 않는 이상 생각과 감정의 회복이 어려운 부모도 있습니다. 그런 부모는 그 몇 개월, 몇 년의 시간 동안 자존감이 바닥을 치는 경험을 하게 되지요. 회복하는 데도 꽤 많은 시간이 걸립니다. '나만 이렇게 힘들고, 육아를 못 한다.', '부모인데 내가 왜 이럴까?' 하는 생각으로 죄책감을 느끼기도 합니다. 그런 부모에게는 더더욱 외적 자존감을 높여줄 자원이 필요합니다. 부부가 먼저 서로에게 "잘하고 있어. 당신이니까 이만큼 하지. 너무 대단해.", "힘든데도 버텨줘서 고마워. 우리, 아이 잘 때 치킨이라도 먹자." 하며 좋은 자원이 되어주면 좋겠습니다.

그다음은 "애들 키우는 게 다 힘들지, 너네만 그러냐?", "자식 농사가 제일이야. 열심히 해."라고 말하는 사람 대신 탁월한 격려자들을 만나세요. 내적 자존감이 낮아지는 시기에는 외적 자존감까지 깎아 먹는 만남을 스스로 피할 지혜가 필요합니다. 우리 마음속에 두 마리 늑대가 살고 있다는 이야기를 떠올려 보세요. 한 마리는 희망의 늑대이고, 다른 한 마리는 절망이라는 늑대입니다. 어떤 늑대가 이기냐는 질문에 현자는 대답하지요. "당신이 먹이를 주는 늑대가 이긴다."고요. 자존감도 그렇습니다. 긍정의 말, 살리는 말, 지지하고 격려하는 말과 그런 분위기를 자주 경험한다면 보이지 않아도 켜켜이 쌓여 내 자존감이 회복되고 건강해질 수 있습니다. 인생은 선택의 연속입니다. 자존감은 결국 가장 소중한 나 자신을 위해 선하고 아름다운 것을 선택해 나가는 힘입니다. 좋은 선택을 많이 할수록 부모와 자녀의 삶이 더 좋은 쪽으로 성장하겠지요.

자존감의 세 가지 축

자존감에 관해 잘 정리한 책 <자존감 수업>에서 저자는 자존감의 세 축으로 자기 조절감, 자기 효능감, 자기 안전감을 이야기합니다. 자기 효능감은 앞서 살펴본 '능력'에 관한 이야기입니다. 오늘날은 '내가 얼마나 쓸모 있는 사람이냐, 할 수 있냐 없냐' 여기에 초점이 많이 맞춰져 있습니다. 그래서 능력과 연결해서 자신을 평가하다 보니 좀 지치기 쉽습니다. 좋은 평가를 받고 무엇을 잘할 때는 효능감이 올라가지만 그렇지 않을 때는 자기 효능감이 낮아져서 자존감도 바닥을 칠 수 있으니까요. 아이들이 어렸을 때는 마냥 예쁨을 받았는데, 학교에 들어가고 점수와 등수가 나오기 시작하면서 자존감이 낮아지는 건 이 효능감 문제입니다. 어디 자녀만 그런가요? 건강하게 자녀를 잘 양육하고 있었는데, 자녀의 학업성적이 생각만큼 좋지 않으면 부모도 "내가 애를 잘 못 키워서 공부를 못하나 봐.", "남들 보내는 비싼 학원 못 보내고 과외를 안 시켜줘서 이런 모양이야. 내가 무능해서 그런 거지. 내가 돈이 없어서 애 공부도 제대로 못 시키네."라고 쉽게 말합니다. 자녀의 성적이 부모의 자기 효능감이 되다니요! 안타까운 일입니다. 오늘날은 정말 자기 효능감에 너무 초점이 강하게 맞춰져 있습니다. 이쪽은 좀 느슨해졌으면 좋겠습니다.

자기 조절감은 '내가 스스로 나를 조절할 수 있냐 없냐' 이 영역입니다. 이건 다이어트를 생각하시면 이해가 쉽습니다. 다이어트에 성공하면 자존감이 쭉쭉 올라갑니다. 살이 빠지고 근사해진 외모 덕에 자존감이 올라가기도 하지만, '먹고 싶은 마음, 먹는 행동' 즉 나의 감정과 행동'을 적절하게 스스로 조절한 자기 자신이 마음에 드는 겁니다. 자기 삶의 중요한 영역을 타인에게 주도권을 내주지 않으면 자존감이 올라갑니다. '나는 내 인생의 통제권, 주도권을 가지고 있다. 나 스스로 적절하게 내 생각과 행동을 조절할 수 있다. 나는 그런 사람이다.'라는 생각이 들면, 자존감의 한쪽 축, 자기 조절감이 쑥 올라갑니다.

마지막 세 번째 자기 안정감은 안전함과 편안함을 느끼는 능력입니다. 그래서 불안하지 않은 상태, 안전하고 편안한 마음 상태를 느끼면 자존감이 올라갑니다. 안정감은 자라면서부터 차곡차곡 쌓입니다. 그래서 자녀 앞에서 부모가 과격한 싸움을 하거나 자신들의 부부싸움에 자녀를 끌어들이는 것은 자녀에게 치명적입니다.

"너네 아빠는 구제불능이다. 아빠 엄마 헤어지면 넌 누구랑 살 거냐?"

이런 어머니도 보았습니다. 자녀에게 해서는 안 되는 말입니다. 부모는 자녀의 뿌리입니다. 그런데 그 뿌리의 한 축을 다른 한 축이 흔드는 말을 수시로 한다고 생각해보세요. 얼마나 괴롭겠습니까? 자기상^{자기이}미지이 부정적으로 그려지게 됩니다. 내 부모를 욕하면 사람들이 왜 화가 날까요? 내가 온 곳을 욕하는 건 나도 욕을 먹는 것이기 때문입니다.

수치스럽고 모욕적이지요. '그런 뿌리에서 나왔으니 나도 별 볼 일 없이 형편없는 존재구나.'라는 상처를 받습니다.

　부모 문제는 부모가 조용히 해결해야 합니다. 자녀를 끌어들이지 말아 주세요. 아이가 부부싸움을 말려주기를 바라거나 이런 형편없는 배우자를 떠나지 못하고 참고 사는 이유가 너희들 때문이라는 비겁한 말을 하지 말아 주세요. 자녀가 자라며 잘 구축해야 할 자기 안정감을 흔들어 버리면 회복하는 데 정말 오랜 시간이 필요합니다. 믿을 만한 좋은 대상을 만나 안정감을 다시 쌓아갈 수 있지만, 부모를 통해 어려서부터 든든하게, 안전함과 편안함을 느끼며 자란다면 얼마나 좋겠습니까? 자녀에게 이런 안정감을 주고 싶은 게 부모잖아요. 부부 일은 부부 차원에서 다루세요. 자녀를 그사이에 끌고 들어가서 가정을 유지하려고 하지 말아 주세요. 자녀를 내 편으로 만들어서 그 힘으로 사는 건 정말 나쁩니다. 자녀의 안정감을 흔드는 일이고, 아이로 사는 기회를 박탈하는 거니까요. 부모인 내가 본가나 친정에서 이런 안정감을 쌓아 오지 못해서 어떻게 해야 할지 모르겠다고 말하는 부모들이 많습니다. 사실 자녀는 우리를 참 많이 용서하며 살고 있습니다. 부모의 그릇된 행동을 용서하니 괜찮다는 의미는 아닙니다. 몰라서 못 하고 잘못한 부모의 무지를 용서한다고 보는 편이 더 맞습니다. 그러나 모르는 게 선일 수 없습니다.

　사람에게 불안은 바꿀 수 없는 두 가지 때문에 온다는 말을 들어보셨나요? 우리가 바꿀 수 없는 하나는 타인이고요, 다른 하나는 이미 일어난 일입니다. 과거는 바꿀 수 없지요. 사람은 '내가 바꿀 수 없다, 내 능력 밖이다, 내가 조절할 수 없다'라고 생각하면 불안감이 올라옵니다. 이때 자존감이 높고 지혜로운 사람은 성숙한 방어를 합니다. 노래를 부르거나 글을 쓰는 게 거기 해당합니다. 요즘 글쓰기 수업이 참 많지요? 그만큼 사람들의 불안감이 높다는 의미로 해석할 수도 있습니다. 건강하고 안전하게 방어하고 잘 해결하려고 글쓰기 수업이나 코인 노래방이 증가하는 건 아닐까 하는 생각이 듭니다.

또 다른 성숙한 방어로는 '자기를 위한 행동'을 들 수 있습니다. 여행이나 운동, 이런 건강한 활동이 있습니다. 불안을 다루는 미성숙한 방어는 술을 많이 마시거나 부적절한 약물 복용을 들 수 있지요. 물론 '나는 술이나 약은 안 하는데요?' 하는 사람들이 많습니다. 그러나 이런 건 하죠. "미쳤어. 내가 돌았나 봐.", "죽어야 돼.", "내가 하는 게 그렇지 뭐" 이런 말이나 생각입니다. 이건 미성숙한 방어입니다.

슬프게도 자기 비난이나 자책, "내가 그래서 그렇지 뭐, 내가 하는 일이 다 그렇지. 그럴 줄 알았어."라는 말은 자기 불안을 건강하게 다루지 못하는 미성숙한 방어입니다. 물론 자기 학대의 말이 나오는 날이 있지요, 안 할 수는 없습니다. 그러나 그런 미성숙한 말과 행동을 5번 한다면 음악을 듣고 노래를 부르거나, 글을 쓰고 내 마음을 이야기하는 안전한 사람과 집단을 만나는 일은 10번에서 15번, 그러니까 최소한 두 배에서 세 배 더 해보세요. 어려서 쌓아놓은 안정감이 적다고 좌절하거나 관둘 일이 아닙니다. 지금 할 수 있는 걸 하면서 만들어 가야 합니다. 나도, 내 자녀도 한 번뿐인 귀한 삶이잖아요. 할 수 있는 건 지금 하면 됩니다. 누가 감히 늦었다고 하겠습니까?

자존감을 높이는 방법

자존감을 높이기 위해 무엇을 먼저 해야 하냐고 물으신다면, 여러 가지 방법을 소개할 수 있지만 우선 자신에게 먼저 물어보시라고 답을 드립니다.

"너는 언제 행복하니? 너 언제 마음이 편안하니?"

이 질문을 자신에게 해보세요. 내가 나를 편안하게 해주고 지나친 죄책감을 느끼지 않을 때 배우자, 자녀와의 관계로 확장해 나갈 수 있습니다. 부모가 먼저 자기 조절감, 자기 효능감, 그리고 안전함을 충분하게 느끼고 편안할 때 자녀도 행복할 수 있겠지요.

자녀이 자존감을 높이기 위해서 부모는 노력합니다. 책도 읽고, 상의도 듣습니다. 이 책에서도 자녀의 자존감을 높이는 방법을 소개합니다. 그런데 여기서는 자녀의 자존감에 앞서 부모 자신의 자존감을 먼저 이야기해 볼까 합니다. 많은 연구가 '부모의 자존감과 자녀의 자존감'은 밀접하게 연결되어 있고, 거의 일치한다는 결과를 내놓습니다. 그래서 자녀의 자존감에 앞서 성인인 부모 자신의 자존감을 먼저 높이는 이야기를 하려고 합니다. 자신에게 "언제 행복하니? 언제 마음이 편안하니?"라고 묻는 것 외에도, 미국의 영화배우 제니퍼 로페즈 Jennifer Lopez 의 '자존감 10계명' 중 1-5계명으로 완벽주의와 작별하는 자존감 향상에 대한 방법을 소개하겠습니다.

1. 못 나온 사진을 지우는 데 집착하지 마라.
2. 하이힐을 벗어라.
3. 혼자 있는 것을 두려워하지 마라.
4. 모든 일에 계획을 세울 필요는 없다.
5. 단점을 모두 감출 필요는 없다.

유은정, <혼자 잘해 주고 상처받지 마라> 중에서

첫 번째가 "못 나온 사진을 지우는 데 집착하지 마라."입니다. 정말 재미있지 않나요? SNS나 개인 메신저 메인 화면에 고르고 골라서 예쁜 사진만 올리잖아요. 그러지 말라는 겁니다. 농반진반으로 "200장 찍어서 10장 건지고, 100장 찍어서 한 장 올리는 거야."라고 하지요. 그래서 아이 낳고 나면 아이들은 어떻게 찍어도 예쁘니까 아이들을 찍고, 또 어르신은 본인의 나이 들어가는 모습을 찍는 대신 꽃 사진을 찍어서 올리시죠. 아니면 어린아이인 손자 손녀 사진을 올리시죠. 그런데 이 배우는 나의 못 나온 사진을 지우는 데 집착하지 말라고 합니다. 그러니까 이 말은 완벽해지려는 마음을 버리라는 뜻입니다. 내 자존감의 기본값을 좀 높여서 살아 보려면, 완벽주의하고 작별하라는 의미입니다. 사람들은 완벽하고 예쁘고 똑똑한, 그런 걸 중요하다고 생각합니다. 특히 여성은 '예뻐야 한다, 날씬해야 한다'라는 사회가 만들어 둔 기준에서 벗어나 완벽주의와 작별하면 일종의 자유로움을 느낄 수 있습니다.

'하이힐을 벗어라'라는 것도 금방 이해가 되지요? 배우에게 하이힐은 완벽함을 의미합니다. 그런데 그런 힐에서 내려와도 된다는 겁니다. 나의 아름다움, 잘 보이고 싶음, 이런 것들과 작별해도 괜찮습니다. 효능감에 사로잡히면 다이어트도 계속해야 하고, 잘 때도 속옷을 꼭 입어서 불편하더라도 몸매 관리도 완벽하게 해야 할 것 같지요. 그런데 효능감이 인생의 전부는 아닙니다. 인생에는 편안해도 될 자유, 느슨해도 되는 그런 시간과 여유가 필요합니다. 내가 편안함을 느끼는 자기 안정감을 느낄 시간이 중요하잖아요.

세 번째는 '혼자 있는 것을 두려워하지 말라'입니다. 혼자 밥 먹고, 혼자 옷 사 입고, 혼자 영화 보고 산책하는 정도는 종종 할 수 있으면 좋습니다. 혼자만의 시간을 가지고 자기를 잘 다독이면 자존감이 높아지기 때문입니다. 물론 인간은 혼자 살 수 없는 존재입니다. 좋은 사람과 함께하는 것은 중요하지요. 그러나 너무 타인의 시선과 의견을 중요하게 여기지 않아도 된다는 겁니다. 작은 일부터 혼자 생각하고 결정해 보세요. 사람들이 옷 사러 갈 때 흔히 가족이나 친구랑 같이 가죠. 그리고 물어봅니다.

"예뻐? 괜찮아? 뚱뚱해? 안 뚱뚱해?"

그런데 자신이 제일 잘 알지요. 그런데도 꼭 누군가와 동행해서 물어봅니다. 그럴 필요가 없다는 겁니다. 오롯이 혼자 있을 수 있는 사람이 누군가와 관계도 맺으면서 살 수 있습니다.

　네 번째, '모든 일에 계획을 세울 필요 없습니다'. 계획대로 안 되는 게 인생이잖아요. 자신을 너무 몰아붙이지 않아도 됩니다. 상담 현장에서 "소장님, 저는 백조같이 살아요. 참 힘듭니다.", "남 보기에는 다 가졌지만 저는 정말 소같이 일만 하고 삽니다. 이러다 죽겠지요. 그런데 벗어날 수가 없습니다. 정해진 틀에서 달리면 최고가 될 줄 알았는데, 막상 최고라는 건 허상이고요, 인생은 변화무쌍해서 짜증스럽습니다. 언제쯤 인생이 내 계획대로 되려나요?"라고 말하는 사람을 자주 만납니다. 우리 인생에는 늘 복병이 있습니다. 계획대로 하나씩 이루어 지면 좋겠지요, 그러나 '내 계획대로 다 됐다.'는 인생은 없습니다. 그래서 제가 늘 강조합니다. "인생에 '반드시'와 '절대로'는 딱 하나밖에 없습니다. 사람은 반드시 죽습니다, 그리고 절대로 영원히 사는 사람은 없지요. 그거 말고는 반드시, 절대로 꼭 그래야 하고 그렇게 되는 건 없습니다." 어떠세요? 삶의 계획은 필요하지요, 다만 모든 일에 계획을 세우고 그대로 안 되면 끌탕하고 자기를 괴롭힐 필요는 없다는 겁니다. 조금 여유를 가지는 게 자존감에 도움이 되는 거죠.

　다섯 번째 '단점을 모두 감출 필요는 없다'는 건 첫 번째와 같은 맥락입니다. 단점을 어떻게 다 감출 수 있겠습니까? 부부간에는 더 그렇습니다. 배우자에게 책잡히기 싫어서 괜찮은 모습만 보이려 하지 마세요. 인간관계는 취약성을 공유할 때 깊은 관계로 들어갈 수 있습니다. 특히 부부관계는요. 자녀에게도 부모니까 강한 모습만 보이려고 하는데 그러지 않아도 됩니다. 다만 자녀에게 부모의 취약성을 너무 많이 표현하면 아이들이 심적 부담을 느낍니다. "아빠(엄마)가 오늘 너무 피곤해. 일이 정말 많았거든. 30분만 쉬고 씻고 나와서 안아주고 같이 놀게." 이 정도는 말해도 됩니다. 좋은 부모가 되고 싶어서 말 못 하고 참다가 어느 순간 폭발하는 게 더 좋지 않습니다. 때로는 내 연약함을 공개해도 괜찮습니다. 그걸 공격할 만한 사람들이라면 굳이 안 보여주는 게 좋지요. 그러나 만약 상대를 잘 몰라서 내 취약성을 좀 보였다가 공격당했다면 그건 내 탓이 아닙니다.

"내가 미쳤지. 괜히 말했어.", "세상에 믿을 놈이 하나도 없지, 취약성을 말하면 그걸로 상처를 줄 줄 알았어. 역시 사람 못 믿어." 이게 아닙니다. 타인의 취약함을 보았을 때, "그렇구나, 너도 그런 게 있구나. 나도 그래."가 되는 게 인지상정이지요. 그런 사람이 정상입니다. 타인의 연약함을 발견했을 때 '옳다구나' 하고 물어뜯으려는 사람이 있다면 그 사람이 나쁜 겁니다. 그런 상황에서 화살을 또 나에게만 돌려서 "내가 미쳤지. 절대 말 안 해야지."하며 나를 괴롭히는 것 역시 내 마음이 건강하지 못한 것입니다. 그런 일이 있었다면 다음부터는 그 사람을 안 보거나 적정 거리를 두고 거기까지만 인간관계를 하면 되는 거니까요. 그런 사람을 좀 만났다고 해서 내가 단점 없는 완벽한 사람처럼 보이려고 너무 애쓸 필요는 없습니다.

자존감이 중요한 이유는 선택 때문입니다. 선택할 건 너무 많은데 우리 인생은 유한하잖아요. 한계가 있고, 시간도 정해져 있지요. 자존감이 낮다는 것은 내가 나에 대한 신뢰가 부족하다는 겁니다. 국제자존감 협회에 의하면 높은 자존감이 중요한 이유는 '인생에서 수많은 선택을 내려야 하고 그때 내가 나를 믿어야 하는데, 자존감이 낮으면 내가 나를 못 믿기 때문'이라고 했습니다. 내 선택을 신뢰하지 못하거나 아예 나를 못 믿어서 선택하는 게 너무 힘들다면 자존감이 낮은 것입니다. 옷을 사러 갈 때도 혼자 가보라고 한 이유가 그것입니다. 혼자 옷도 선택해서 입을 줄 알아야지요. 작은 것부터 수많은 선택을 내리며 살아야 하잖아요. 자신을 믿어야 합니다. 완벽주의와 작별해 보세요. 완벽주의는 생각과 마음이 주먹을 쥐고 있는 상태입니다. '완벽해야 사랑받는다. 완벽해야 대접받을 수 있다.'라는 생각이 기본으로 깔려 있으면 자존감이 높아질 수 없습니다. 아시지요? 완벽한 사람은 있지도 않고요, 완벽할 수도 없습니다. 우리가 사랑하는 사람을 생각해보세요. 자녀나 배우자를 완벽해서 사랑한 게 아니잖아요. 그냥 사랑한 거잖아요. 그것처럼 완벽해야 사랑받고 대접받는다는 생각은 매우 비합리적인 신념입니다. 완벽주의와의 작별은 나 자신과의 화해이고, 악수입니다. 생각과 마음의 주먹을 펴보세요, 그래야 악수를 할 수 있습니다.

'조금 뚱뚱해도 괜찮아.', '조금 못해도 괜찮아.', '내가 원하는 만큼 좋은 학교를 못 나오거나 성취를 못 했지만 그래도 괜찮다. 그것도 나잖아.'

네, 그렇습니다. 노랫말처럼 '나처럼 사는 건 나 밖에' 없습니다. '내가 완벽하지 못해서 이런 취급을 당한다, 나는 사랑받을 만한 사람이 아니다, 좀 더 잘 나야 한다, 더 잘해야 한다.'라고 언제까지 자신을 괴롭히겠습니까? 자신과의 화해가 필요합니다. 나 자신과 악수하는 겁니다. "나는 긍정적인 마음을 가지기로 했다. 오늘 내가 나와 화해한다." 라고 말하는 것이 자신과의 악수입니다. 나와 악수해야 타인하고도 할 수 있습니다. 자녀가 자존감 높은 사람으로 자라기를 바라시지요? 그 시작은 부모, 바로 나입니다. 물론 완벽주의와 작별하는 건 쉬운 일은 아닙니다. 그래서 첫 단추가 여기입니다. 나 자신과 악수해 보세요. 완벽하지 않아도 사랑받기 충분한 나와 내 자녀입니다.

2   용기

　자존감이 자신을 향한 신념이라면 용기는 거기에서 파생된 감정입니다. 높은 자존감을 가진 사람은 마음에 용기가 차오르겠지요. '잘하든 못하든 나는 사랑받는 사람이다.', '한번 해보자. 해보고 안 되면 또 다른 길이 있을 거다.' 이런 신념을 가진 사람이 자존감이 높은 겁니다. 그런 사람은 '씩씩하고 굳센 기운', '두려움이 없거나 혹은 두렵더라도 꼭 해야 할 일이라면 해 볼 마음을 가지는 용기'가 생기게 마련입니다.

　반대로 자신과 삶에 대한 부정적인 믿음은 낙심으로 이어집니다. '왜 태어나서 이런 고생을 하고 살까?', '난 어딘가 고장 난 것 같다.', '남들은 다 잘하고 사는데 나는 왜 이렇게 생기다 말았지?', '다들 앞서 나가는데, 나는 뭐지?' 이런 생각이 가득하면 마음은 어떨까요?

　'낙심落心'은 한자로 '떨어질 락落', '마음 심心'입니다. 우리가 "기운이 쫙 빠진다. 일어날 기운이 없다"라는 표현을 사용합니다. 마음이 그런 상태가 되는 것이 낙심입니다. 바라는 바가 이루어지지 않았을 때, 마음이 상해서 그렇게 툭 떨어져 버리는 것입니다.

용기는 차오르는 마음, 낙심은 떨어지고 바닥에 붙은 마음입니다. 높은 자존감을 가진 사람은 '나는 성공할 가능성이 있다. 혹 실패하더라도 그 일의 실패이지, 나라는 사람이 패배자는 아니다.', '실패를 안 한 사람은 도전을 안 해본 사람이다. 또 해보자.'라는 마음을 가질 수 있습니다. 그것이 바로 용기입니다.

부부싸움을 했다면 화해의 과정을 보여주세요.

부부가 서로 원만하게 지내면 아이들은 거기서 안정감을 찾습니다. 자존감의 세 가지 축 중에 '자기 안정감은 안전함과 편안함을 느끼는 능력'이라고 말씀드렸습니다. 불안하지 않은 상태, 안전하고 편안한 마음 상태를 느끼면 자존감이 올라간다고요. 그리고 이건 아이들이 어린 시절부터 안전하게, 적절하게 지지받고 사랑받으며 자라면서 차곡차곡 쌓이는 생각과 감정입니다. 커서 갑자기 만들기 어렵습니다. 그래서 가정환경이 중요한 거죠. 이쯤 되면 부부싸움에 관한 질문이 들어옵니다. 자녀에게 안정감을 주려면 부부싸움을 안 하고, 부모가 화목해야 하는데 만날 그럴 수는 없으니까요.

네, 부부싸움 할 수 있습니다. 부부싸움을 하거든 화해하는 과정을 자녀에게 보여주시는 게 매우 중요합니다. 어떤 부모는 "우리가 한판 했어도 애들은 모르던데요?"라고 말합니다. 그러나 우리도 어려서 부모님의 관계가 안 좋을 때 가정 안에 흐르는 공기로 알았잖아요. 우리 아이들도 그렇습니다. 부모가 큰 소리를 내거나 물건을 던지는 험악한 상황까지 가지 않았더라도 부부 안의 냉랭한 공기로 압니다. 대강 부부간에 풀고 넘어가지 마시고, 자녀에게 화해하는 과정을 보여주세요. 그래야 아이들이 마음에 안도감을 느낍니다. 강의 중에 치킨이나 아이스크림을 사 가지고 들어가서 가족 모두가 모였을 때 사과하고 화해하는 방법을 주로 알려드립니다.

"사실 어제 아빠 엄마 사이가 좀 안 좋았어. 그래서 아빠도 큰 소리를 내고 엄마도 그랬어. 근데 이게 엄마 아빠가 서로 미워서 싸운 게 아니라, 생각이 서로 달라서 이야기하다가 큰 소리가 났던 거야. 근데 오늘 이렇게 잘 화해하고 너희에게도 사과하고 싶어. 같이 먹으면서 마음을 풀면 좋겠어."

그러면서 그 자리에서 배우자에게 미안하다고 사과도 하고, 자녀에게도 하는 겁니다. 그때 사과를 받는 배우자가 "됐어. 내일 또 그럴 건데." 라고 부정적으로 나오면 곤란합니다. 상대가 손을 내밀면 잡아 주세요.

"맞아요. 어제 우리가 그래서 애들이 무서웠을 거예요. 미안하다. 아빠 엄마가 큰 소리 내서 무서웠지? 미안해."
"얘들아, 너희 아빠(엄마) 멋지지 않니? 먼저 사과하고! 그래서 엄마(아빠)도 마음이 좀 풀렸어. 너희에게도 엄마 아빠가 미안해."

부모의 갈등과 화해 과정을 보며 자녀는 '사람이 무조건 참는 게 아니라 문제가 생기면 싸울 수도 있구나. 그리고 그게 다 그만두려고 싸우는 게 아니라 더 잘해보려고, 더 좋은 관계로 가기 위해서 문제에 대해 불편한 걸 말하다 보면 싸울 수도 있구나, 그런데 저렇게 화해도 하는구나.'라고 배울 수 있습니다. 부모가 점점 더 다툼의 횟수는 줄고, 화해를 잘한다면 괜찮습니다. 자녀가 갈등과 화해의 과정을 보는 게 인간관계를 배우는 시간이기도 합니다. 그러니 '우리는 부부싸움을 하니 아이들에게 좋은 부모가 아닌가 보다.'라는 지나친 죄책감을 느끼지는 마세요. 화해하는 과정, 인간관계에서 어떻게 대화하고 마음을 풀어가는지를 자녀가 보고 배울 수 있게 해주세요.

이래서 부모 교육이지만 부부를 두 번 세 번 강조하는 겁니다. 그리고 부부가 원만하게 지내려면 내가 나를 알아야 합니다. '내가 왜 그랬을까, 나는 무엇을 정말 원할까?', '내가 견디기 어려운 감정은 무엇인가?', '그래도 내가 잘 버티고 견디는 감정은 뭘까?'

나에 대한 통찰이 깊은 사람일수록 배우자에 대한 사랑도 깊어집니다. 나를 사랑하지 못하는데 타인을 사랑하고 봉사하는 건 사실 거짓말입니다. 그래서 나는 누구인지, 나는 어디서 왔고, 내가 무엇을 좋아하는지, 부모인 내가 먼저 나를 아는 게 중요합니다. 자녀에게만 "네가 무엇을 좋아하는지 무엇을 잘하는지 찾아봐."라고 하는 게 아니라 그걸 부모가, 내가 먼저 하면 됩니다. 내가 받아 보지 못한 사랑, 내가 경험해보지 않은 관심과 이해를 자녀에게는 꼭 주겠다고 결심하지 말아 주세요. 먼저 나를 사랑해 주고, 자기에게 관심을 가져주세요. 부부 안에서도 이런 대화가 자주 이루어져야 합니다. "당신은 뭐가 좋아요?", "당신은 언제 제일 신나요?", "백세시대라는데 당신은 60대에는 뭘 하고 싶어?"라고요. 내가 먼저, 부부가 함께, 그리고 나서야 자녀와도 그런 대화를 할 수 있습니다.

양희은이 되어주세요.

부모교육을 하다 보면 "저는 부모에게 사랑을 못 받았어요. 우리 아이에게 내가 받아 보지 못한 사랑을 줄 수 있을까요?", "내 자식 챙기기도 힘든데 엄마랑 형제자매도 신경 쓰게 하니 정말 미치겠어요. 본래 엄마는 자식에게 더 주려고 하는 거 아니에요? 우리 엄마는 왜 이래요?", "평소에는 그래도 괜찮습니다. 그런데 명절 전후로 본가에만 다녀오면 속이 뒤집어져요. 다 그러고 사나요? 우리 집은 어려서 나에게 해준 것도 없었는데 왜 내가 살만하니 나만 기다리고 나만 쳐다봅니까? 자기들끼리 잘 살 수는 없나요?" 이런 말을 많이 듣습니다. 정서적으로 고아라고 볼 수 있는 사람이지요. 어려서 부모에게 의존해서 인정받고 사랑받고 싶었는데 너무 못 받은 경우입니다. 이런 사람은 주변에 나를 지지하고 격려해 주는 좋은 사람을 두고 만나면 좋습니다. 이미 부모에게 받지 못한 사랑, 변화의 여지가 없는 원래 가정의 부모를 바라보며 "왜 나에게만 이래? 왜 그 사랑 나 안 줘?"라고 외쳐봤자 본인만 더 지치고 슬퍼지니까요. 나를 격려하고 지지해 주는 괜찮은 사람을 만나고요, 그 사람이 반영해 주는 괜찮은 나를 나로 인정해 주세요. 저는 이 작업을 "양희은을 만드세요."라고 소개합니다.

오래전에 가수 양희은씨가 방송국에서 만난 개그우먼 이성미씨를 보고 "야, 너 이리 와봐! 너 엄마 없다며? 우리 집에 와, 밥 먹어!"라고 했답니다. 어려서 어머니가 돌아가신 이성미씨를 본인 집에 초대해서 손수 따끈한 밥상을 차려주었고, 긴 시간 그 인연이 이어지고 있다는 훈훈한 이야기를 방송을 통해 보고 '이거다!' 싶었습니다.

우리가 원하는 만큼 충분히 인정하고 사랑해 주는 부모는 없습니다. 부모님이 한다고 애쓰셨어도 우리는 모두 결핍이 있습니다. 그 결핍을 부부가 서로 채워주기도 하고, 안 되는 건 적절하게 다루면서 살면 됩니다. 그러나 부모로부터 너무 사랑과 인정을 받지 못했거나, 오히려 자녀인 자신이 부모를 돌보는 역할을 감당하며 살아온 사람은 어른이 되고 자신이 부모가 되면 다른 사람이 이해하기 어려운 정도로 매우 힘들어합니다. 그렇다고 연로하신 부모님에게 어린아이처럼 사랑을 요구하기도 힘들고, 누구를 붙잡고 말하자니 '이거 내가 너무 유치하고 형편없는 거 아닌가?' 하는 생각이 들기도 합니다. 머리로는 '난 이미 어른인데 뭘 어쩌겠어.'라고 단념하지만, 가슴은 수시로 휑합니다. 따뜻한 밥, 뜨끈한 국물, 혹은 그런 따뜻한 말과 눈빛이 필요하지요. 그렇게 밥을 해주거나 사주는 사람, 차를 한잔 마시면서 진심으로 나를 격려하고 축복해주는 사람을 만드세요. 세상 곳곳에 엄마를, 부모를 만드는 작업입니다. 그리고 마음에 힘이 차오르면 나도 타인에게 그런 사람이 되어주면 됩니다. 서로에게 양희은이 되어주는 겁니다. 그렇게 어른인 나는, 나와 또 다른 건강한 어른을 통해 나를 돌보는 겁니다. 어린 자녀를 향해 내가 못 받은 사랑을 다 주고, 자녀가 내 정성을 알아주고 나에게 잘해주기를 바라는 건 좋은 방법이 아닙니다. 내 환상을 자녀에게 쏟아붓는 자기만족일 뿐입니다. 기억해 주세요, 부모는 어른입니다. 어른은 스스로 돌보고, 또 서로 돌보며 성숙해가는 사람입니다.

용기 있는 사람, 부모

부모 교육 전문가인 마이클 팝킨 박사는 용기를 "이미 알고 있는 목표를 위하여 어느 정도 예상하는 위험을 감수하려는 확신감"이라고 정의했습니다. 저는 이 정의를 볼 때마다 '아, 우리가 삶을 포기하지 않고 사는 그 자체, 부모의 삶을 사는 그 자체가 용기 있는 거구나! 부모는 용기 있는 사람들이구나.'라는 안도감이 듭니다.

우리는 누구나 인생이 늘 햇빛 찬란하지 않다는 것을 어느 시점이 되면 알게 됩니다. 그리고 나 아닌 타인과 관계를 맺고 사는 삶은 고통이 수반되는 여정임을 깨닫게 되지요. 그런데도 부모는 출산과 입양을 통해 자녀와의 만남을 선택합니다. 나의 많은 유익을 포기하고 자녀를 양육하는데, 자녀는 내 마음도 몰라주고, 말을 안 듣지요. '좋은 부모가 되어야지.' 나름의 기준과 기대를 가지고 키우는 건데, 자녀는 정말 내 맘대로 안 됩니다. 오죽하면 작고한 어느 기업가가 "자식과 골프는 내 마음대로 안 된다."고 했겠습니까! 네, 맞습니다. 아이들은 훈육한다고 금방 바뀌지 않습니다. 그래도 부모는 또 가르치고 기다려 줍니다. 부모도 미성숙한 존재이고, 자녀는 더더욱 미성숙합니다. 가르쳤다고 금방 바뀌지 않습니다.

'내가 말했으니 금방 알아듣고 바뀌겠지.' 이렇게 생각하면 너무 힘듭니다. 우리가 그래왔듯이 아이들도 계속 시행착오를 합니다. 자녀의 그릇된 행동을 보는 부모는 정말 고통스럽습니다. 그런데도 포기하지 않고 자녀를 계속 훈육하고 사랑하며 일상을 살아갑니다. 어제 절망했어도 오늘 또 일어나 밥을 하고, 출근하고, 아이들을 챙깁니다. 이런 부모를 보는 자녀의 마음은 어떨까요? 자녀는 '나로 인해 괴롭지만 포기하지 않는' 부모에게서 고통을 직면하는 용기를 보고 배웁니다. 인생의 가장 중요한 용기를 부모가 고통을 겪어내는 과정과 방법을 보며 배우는 거지요. 그 과정은 인생 전반에서 계속될 겁니다. 그래도 부모는 또 삶의 자리를 지키며 앞으로 나아갑니다. 인생이라는 여행을 다 마칠 때까지 부모의 역할을 사랑으로 감당하려고 애씁니다. 그러니 부모는 용기 있는 사람입니다. 어쩌면 용기 있는 사람이 부모가 되는 특권을 누리는 것일지도 모르겠습니다.

자녀에게 주고 싶은 한 가지, 용기

우리는 대의적이고, 정의로운 것을 용기라고 생각하기도 합니다. 독립운동을 하거나 불의에 분연히 일어나 자신이 목숨을 아끼지 않는 그런 사람을 두고 "용감한 사람, 진정한 용기를 가진 사람"이라고 평가해 왔습니다. 그래서 '용기'라고 하면 거창하고 대단한 걸 떠올리기도 합니다. 그러나 부모교육에서는 '나에게 집중하는 용기'를 강조합니다. '나 자신에게 솔직할 수 있는 용기, 내면의 용기'에 대해 이야기하는 거지요. 자신에게 진실할 수 있는 용기, "미안하다."라고 말할 수 있는 용기, 도움이 필요할 때는 "혼자 하기 벅차네요. 도와주세요."라고 요청할 수 있는 것이 용기입니다. 별거 아닌 것처럼 보이지만, 사과와 도움 요청에는 엄청난 용기가 필요합니다. 거절당할 수도 있다는 두려움을 극복해야 할 수 있는 말이니까요.

또한, 자신의 좋은 면뿐만 아니라 취약한 점을 인정하려면 매우 큰 용기가 필요합니다. 자신의 불안과 연약함을 바라보는 작업은 그리 유쾌하지 않거든요. 그냥 피해버리고 싶은 일인데, 한 번뿐인 삶을 한쪽 면만 보고 아름답게 포장하지 않기 위해 부정적인 감정, 어린 시절의 상처를 수면 위로 올려서 인정하고 토닥여주는 과정은 나 자신과 내 삶을 진정으로 사랑할 때 비로소 가능합니다. 그러니 나를 인정하고 사과하거나 도움을 요청하는 것이 어떻게 별거 아닌 일이겠습니까? 진짜 별과 같은 특별한 일이지요. 이런 별 같은 특별한 용기는 바로 "나는 소중한 사람이다. 나는 할 수 있다."라는 자존감에서 비롯되는 것입니다. 설령 이번에 한 부탁이나 사과를 상대가 거절하더라도 '나 자신이 형편없는 사람은 아니다. 내가 소중하듯 거절하는 상대의 의견도 존중받아야 한다.'는 생각이 있을 때 용기 있는 선택을 할 수 있습니다. 그래서 용기는 자존감으로부터 나오는 감정이고 품성입니다.

부모는 자녀에게 최고의 것을 주고 싶습니다. 자녀가 내 품을 떠나서도 세상을 당당하게 살 수 있는 무언가를 주고 싶은 것이 부모의 마음입니다. 그래서 좋은 대학에 보내려고 애를 쓰지요. '우리나라에서 가장 높은 종교는 대학교'라는 웃지 못할 농담이 있습니다. 자녀가 좋은 대학교를 나오고 남에게 대접받는 그런 직업을 가지면 행복하게 살 거라고 믿어서 그렇습니다.

네, 내 아이들의 인생이 순탄하면 좋겠습니다. 좋은 학교에 다니고 좋은 직장을 가지고 자기 인생을 재미있게 살면 부모는 더 바랄 게 없습니다. 솔직한 마음입니다. 내 아이가 많이 배우고, 충분하게 가지고, 행복하게 살기를 바라는 게 부모의 바람입니다. 그런데 좋은 대학과 안정된 직장이 부모가 자녀에게 줄 수 있는 가장 좋은 것일까요? 자녀가 인생의 가장 힘든 순간, 자존감이 바닥인 순간에 '그래도 내가 우리나라에서 제일 좋은 대학교를 나왔는데 힘내야지!'라고 생각할까요? 그때 자녀가 자신의 학벌과 직업 때문에 옳은 선택을 할 수 있나요? 그렇다면 높은 학력, 좋은 학벌, 그리고 사람들이 부러워할 만한 직업을 가진 사람들이 좌절하거나 마음의 병을 얻는 일이 없어야 합니다. 그러나 그렇지 않다는 것은 우리가 다 압니다. 주변에서 부러워할 만한 조건을 가진 사람이 정신과 마음이 건강하지 못한 경우, 인생의 어려움 앞에서 다시 일어나지 못해 자신과 타인에게 큰 상처를 주는 걸 우리는 많이 보았습니다.

부모가 자녀에게 삶으로 전해 주어야 할 가장 귀한 것이 있다면, 그것은 가치 있는 일에 자신의 시간과 열정을 쏟아부을 수 있는 용기입니다. 우리 자녀가 자신에게 좋은 것, 선하고 아름다운 것을 순간순간 선택할 수 있는 용기 있는 사람으로 살면 좋겠습니다. 인생의 밑바닥에 있을 때 "아, 너무 힘듭니다. 저를 좀 도와주세요!"라고 손을 내밀 수 있는 용기, 때로는 자신의 실수와 취약성을 인정하고 "미안합니다."라고 사과할 수 있는 용기, 삶이 뜻대로 풀리지 않고, 고통이 계속되어 절망감이 느껴질 때 고통을 견디고 버티는 모습을 보여주었던 부모를 기억하고 다시 자신을 다독이고 일어날 용기를 가진 자녀로 키워야 하지 않을까요? 그런 용기를 가진 사람은 '진짜 나'로 사는 사람입니다.

타인에게 인정받고 싶어서 힘들어도 자신을 희생하거나 '내가 누구인지', '나는 무엇을 좋아하는지', '내가 무엇을 잘하는지', '정말 내가 원하는 건 무엇인지' 생각하지 않고 그저 세상이 정해 놓은 기준에 나를 맞추기 위해 애쓰는 '포장한 나', '가면을 벗지 못하는 나'로 사는 사람도 많습니다. 겉보기에는 잘 사는 사람으로 보일 수 있습니다. 그러나 '진짜 나'로 살지 못하는 사람은 '잘 포장하고 가면을 쓴 나'로 사는 대가를 반드시 치르게 됩니다.

좋은 선택을 하는 용기

자녀에게 "그럴 수 있어. 실수할 수 있지. 다시 해보자."라고 격려하고, 다음에는 다른 방법을 선택해서 똑같은 실수와 실패를 여러 번 경험하지 않게 하고 싶은 것이 부모의 마음입니다. 그러나 마음과 달리 충고, 조언, 평가, 판단하는 말들이 먼저 쏟아져 나옵니다. 네, 부모라 그렇습니다. 자녀가 잘되길 바라는 마음, '좀 잘했으면, 나보다 나은 사람이 되고 더 좋은 삶을 살았으면' 하는 바람이 커서 일단 자녀의 약점을 발견하면 이런 극단적인 생각이 자동으로 들기도 합니다.

'저 녀석 저래서 사람 되겠어?'
'그게 뭐라고 못하고 있어? 좀 당차게 밀고 가지 왜 빌빌거리는 거야!'

'정직이 최선이라는데 거짓말을 하다니!'

'사회성이 낮아서 큰일이네, 친구도 못 사귀고 혼자만 있네, 아이고!'

'바늘 도둑이 소도둑 된다는데 큰일 났네. 쟤도 나도 망했다, 망했어!'

이런 생각이 들면 가슴이 철렁 내려앉습니다. 저는 이런 증상을 '사고와 마음의 급발진'이라고 부릅니다. '자극과 반응 사이에 선택할 수 있는 공간이 있다.'는 건 2차 세계대전 당시 죽음의 수용소에서 살아남은 정신과 의사 빅터 플랭클의 말이고, 우리는 그냥 이 시대를 사는 평범한 부모이니 일단 치고 들어오는 생각에 속수무책으로 당할 수밖에 없습니다. 그리고 그게 그렇게 말처럼 쉬운 일이라면 오늘날까지 빅터 플랭클의 말이 회자되지 않았을 것입니다. 그동안 많이 실수하고 실패해 왔어도 괜찮습니다. 이미 지나간 과거를 붙잡고 자신을 탓하고 "내가 애를 망쳤다"라는 죄책감이 자주 느껴지나요?

이 책 전체를 두 단어로 표현하라면 '죄책감'과 '애도'입니다. 죄책감을 주지 않는 부모교육, 그간 한 번도 만져주지 못한 나의 지난 시간과 마음을 기억하고 애도하는 부모교육, 제가 추구하는 부모교육입니다. 왜 죄책감을 주지 않고, 죄책감을 느끼지 말라고 하냐고요? 자녀를 양육하는데 매우 나쁜 감정이 세 가지가 있습니다. 과도한 책임감과 죄책감, 그리고 불안입니다. 자녀를 양육하는 부모는 책임감이 있어야 합니다. 여기서 말하는 과도한 책임감은 '내가 저 사람을 책임질 수 있다. 책임져야 한다.' 더 나아가서는 '내가 잘하면 상대가 좋게 변할 수 있다.'라는 상태, 부모가 노력하면 자녀를 부모 마음에 들게 키울 수 있다고 믿고 애쓰는 마음을 말합니다. 부모는 자기 인생을 열심히 살면 됩니다. 자녀에게 좋은 본보기가 되기 위해 노력하지만 실수도 계속합니다. 그러나 또 일어나서 어려운 인생길을 인내하며 걸어가는 정도면 괜찮은 부모입니다. 가족치료의 대가 보웬은 부모가 설득해서 자녀가 책임감을 느끼게 되거나 변화되는 건 아니라고 했습니다. 자녀가 자신의 인생을 책임지고 건강하게 살기를 바란다면 부모가 먼저 그렇게 살면 됩니다. 자녀는 부모를 보고 배웁니다. 우리가 변화시킬 수 있는 사람은 나뿐입니다. 자녀는 부모가 더 좋은 사람이 되어가는 과정을 보고 배우게 됩니다.

사람은 변할 수 있습니다. 부모인 우리도, 커가는 자녀들도 더디더라도 더 좋은 쪽으로 변할 수 있습니다. 가끔 어른들이 농담 반 진담 반으로 이런 말씀 많이 하시지요.

"사람 고쳐 쓰는 거 아니다.", "사람 안 변한다."

저도 그렇게 굳게 믿었습니다. 사람은 안 변한다고요. 그러니 한 번 아니면 아니지, 인간관계에 답은 없다고 생각했습니다. 그런데 어느 날 수많은 수감자를 만나 온 심리상담사이자 한국의미치료학회 부회장이신 박상미 교수님을 만났습니다.

"교도소에 있는 범죄자도 변할 수 있습니까?"

"교수님, 사람은 고쳐 쓰는 거 아니라던데, 거기 있는 사람들도 변하나요?"

교수님은 이런 질문을 수없이 받았다고 합니다. 그리고 그 질문에 대한 답은 다음과 같습니다.

"네, 사람은 변할 수 있어요. 그런데 꼭 필요한 두 가지가 있어요. 당사자가 변하고자 하는 강력한 의지가 있어야 합니다. 주변에서 아무리 도와주고, 격려해도 본인이 변화의 의지가 없으면 소용없습니다. 그리고 또 하나, 변하려는 의지를 가진 그 사람을 돕는 손길이 있어야 해요. 혼자서는 힘들어요. 그러나 주변에서 손을 잡고 '영차영차'하며 끌어내면 그 사람은 새로운 세상으로 나오고 변할 수 있어요."

그렇습니다. 사람은 더 나쁜 쪽으로도, 더 좋은 쪽으로도 바뀔 수 있는 존재입니다. 사람이 변한다는 게 믿기 어려우시다면 '그래, 사람은 잘 안 변하지. 그렇지만 관계는 변할 수 있지. 더 좋은 쪽으로도, 더 나쁜 쪽으로도. 그러니 관계를 바꾸는 노력이라도 해보자.'라고 생각해 보세요.

관계는 막연한 개념이 아닙니다. 변화무쌍하고 생생하게 살아 움직이는 게 관계입니다. 그래서 생각과 감정의 회로를 잘되는 쪽으로 자꾸 돌리는 것이 중요합니다. 부모-자녀의 관계에서는 그래도 어른인 부모가, 부모교육 책도 읽고 강의도 듣는 부모가 먼저 좋은 쪽으로 변하는 시도를 해보면 희망이 있습니다. 제가 강의 때마다 하는 말입니다.

"부모교육은 있어도 자녀교육은 없잖아요. '너희들이 잘 배워서 부모에게 효도하고, 부모가 좀 잘못하면 잘 말씀드려서 좋아지시게 해서 너희도 잘 크고 부모도 좀 도와드려라.' 하는 강의는 어디에도 없습니다. 그러니 먼저 배우고 깨달은 부모가 좋은 선택을 하고, 선순환시켜서 자녀에게 전달해 주어야지요."

우선, 자동으로 드는 생각을 끊는 연습을 해보세요. 우리의 생각이 가슴으로 내려오고, 그 마음, 즉 감정이 언어와 행동으로 나오는 것을 알았으면 '나 한 사람의 생각과 감정, 그리고 말과 행동은 주변에 영향을 미친다. 서로 그렇게 공을 주고받는다. 우리 인생은 톱니바퀴처럼 서로의 언행이 맞물려 돌아간다. 좋은 선택을 하고, 성공의 회로를 돌려서 서로 잘되게 하자.'라고 두 번 세 번 되뇌어 보세요. 관계 속에서 긍정의 바퀴가 함께 돌아가면 그 전파력은 상상보다 훨씬 큽니다. 특히 가장 가깝고도 어려운 관계, 가족과 함께 있을 때 모의고사 보듯 해보면 어떨까요? 연습은 실전처럼, 실전은 연습처럼 하라는 말을 많이 들어보셨을 겁니다. 가정은 연습과 실전이 동시에 이루어지는 곳이지요.

지금 여기를 읽으며 '나는 밖에서는 인간관계가 괜찮은 편인데 가족 안에서는 유독 관계가 힘들다. 내 딴에는 나름 한다고 하는데도 결과는 별로 안 좋다. 가만 보니 나는 자녀와의 관계에서 자꾸 실패 회로가 돌아가는 것 같다.'는 생각이 드는 분도 있지요? 잘됐습니다. 어차피 그동안 주로 실패하고 안 되는 관계의 바퀴를 돌려왔다면 '밑져야 본전이지. 배웠으니 해보자'하는 마음으로 해보는 겁니다. 한 번이라도 성공하면 자신을 크게 칭찬해주세요. 겨우 한 번이라고요? 아닙니다. 뭐든지 처음이 있습니다. 한 번이 두 번 되고, 세 번 네 번, 그러다 내 것이 되는 겁니다. '익숙하지 않아서, 쑥스러워서, 이게 한다고 될까 싶어서' 그냥 두지 마시고 일단 한 번만 해보세요. 한 번 했는데 안 되면 "그러면 그렇지. 되겠냐?" 대신 긍정적인 오기를 내보세요.

"어라, 내가 좀 잘해보려고 마음먹고 했는데 안 돼? 기왕 시작했는데 내가 여기서 포기할 사람이 아니지! 한 서너 번 더 해봐야겠네.'

이렇게 말입니다. 생각이 훅 치고 들어올 때 잠깐 멈추고 '이렇게 화나는 게 타당한가?', '왜 나는 이 일에 유독 예민하게 반응하는가?', '지금 이 생각이 합리적인가?', '내가 지금 이렇게 불같이 화가 나는 게 타당한가?', '이게 1년 뒤, 10년 뒤에도 지금처럼 기분 나쁠 일인가?'라고 자신에게 물어보세요. 심호흡을 여러 번 하는 것도 도움이 됩니다. 힘든 날, 머릿속이 시끄럽고 마음에 큰 파도가 치는 날 가족과 거리를 조금 두고 5~10분 혼자 있을 수 있는 공간에서 크게 숨을 들이마시고 천천히 내뱉는 작업을 해보세요. 습관적으로 드는 생각을 잠시 멈추는 어려운 일을 해냈다면 반은 성공입니다. 시작이 반이라고 하지요. 정말 그렇습니다. 일단 멈추고 숨을 쉬었다면 절반은 성공했습니다. 다음은 선택의 순간이지요.

외부의 자극, 자녀가 부모에게 던져주는 크고 작은 사건이라는 공을 받았지만, 긴 시간 동안 자동으로 들던 생각을 지금 멈추었다면 이제 반응하기 전에 긍정적이고, 합리적인 생각과 감정을 선택하면 됩니다. 자극과 반응 사이에 공간이 있으니까요. 그 선택은 내 몫입니다. 용기를 가지고 선택하시면 됩니다. 하던 대로 하고 사는 게 제일 편한데, 배우고 연습하는 과정을 거쳐서까지 가정 안에 좋은 관계를 세우길 원하는 부모라면, 이미 괜찮은 부모입니다. 자동으로 들어오는 생각을 멈추는 단계, 심호흡의 단계, 그 어디든 성공했다면 '애썼다. 하나 했다. 점점 더 나아질 거다.'라고 자신에게 말해 주세요. 자신에게 관대한 사람이 배우자와 자녀에게도 그럴 수 있습니다.

본인에게 긍정적이고 너그럽게 대해 주세요. 작은 변화가 있으면 자신을 크게 칭찬해주세요. 자녀에게는 해도 본인에게는 못 하겠다고요? 그렇다면 다시 한번 생각해보아야 합니다. '평생 데리고 사는 나 자신에게도 가지지 못하는 너그러움을 타인에게 베풀었다고?' 배우자도 자녀도 타인입니다. 가장 친밀하고 중요한 타인이지요. 나를 사랑하고 존중하는 사람이 타인에게도 그 사랑과 존중을 흘려보낼 수 있음을 기억해 주세요. 어색하고 쑥스럽겠지만 평소처럼 하지 않고 잘 멈추고 다른 선택을 했다면, 아니 그런 선택을 하려고 노력이라도 했다면 잊지 말고 다음과 같이 자신에게 말해 주세요. 부모 교육 전문가로서, 상담자로서 마음을 담아 부탁드립니다.

"됐다. 됐어. 첫 단추는 성공이다. 이제 더 좋아질 일만 남았다. 여기부터 시작이다."

3   격려

자녀 양육이 너무 힘들어서 이미 한 주 수업이 시작되었는데도 "그래도 들어갈 수만 있으면 두 번째 수업부터 듣고 싶습니다. 자리가 있나요?"라고 연구소의 문을 두드렸던 40대 어머니가 생각납니다. "높은 자존감에서 용기가 나오고, 용기를 가진 사람은 바람직한 언어와 행동을 선택하게 된다."라는 강의를 듣던 그분이 질문했습니다.

"네, 알겠어요. 자존감과 용기요. 그러면 부모가 어떻게 하는 게 제일 좋습니까? 부모가 무엇을 할 수 있는지가 중요하겠네요."

'무엇이든 지금 배로 힐 수 있다. 소중한 자녀를 위해서 나는 무엇이든 할 준비가 되어 있다.'라는 무언의 메시지로 가득 차 있던 그분의 눈빛이 지금도 생생합니다. 간절함에 대한 답은 이것입니다.

"자녀에게 자존감과 용기를 길러 주기 위해 부모가 할 수 있는 일은 바로 격려입니다."

물주는 사람, 부모

심리학자이자 정신과 의사인 루돌프 드라이커스는 격려가 인간의 행동과 관계 개선에 핵심적인 요소라고 믿었습니다. 그는 자녀를 키울 때 가장 중요한 것이 격려라고 주장했습니다.

> "모든 아이에게는 화초에 물을 주듯 끊임없는 격려를 해주어야 한다.
> 격려받지 못하면 소속감을 가질 수도, 또 이를 키우고 발전시킬 수도 없다."

루돌프 드라이커스, 비키 솔츠 공저, <민주적인 부모가 된다는 것> p. 51

부모는 자녀의 독립을 위해 끊임없는 격려를 해주는 존재입니다. 자녀는 언젠가 부모라는 울타리를 떠나야 하니까요. 자녀가 가진 고유한 기질과 그 강점을 인정하고, 있는 모습 그대로 자녀를 믿어주는 것에서 격려는 시작됩니다. 자녀를 고유한 존재로 바라보고, 스스로 성장할 수 있도록 돕기 위해 부모는 다음 네 가지로 격려할 수 있습니다.

첫째, 과잉보호하지 않고, 독립심을 키워주는 것입니다. 부모는 자녀를 위험으로부터 보호할 의무가 있습니다. 그러나 정도가 지나치면 과잉보호가 됩니다. '내가 옳은 부모'가 빠지기 쉬운 함정 중에 자녀를 사랑해서 자녀의 모든 것을 통제하고 군림하려는 과잉보호도 있습니다. 잠자기, 먹기, 놀이, 친구 관계 등도 모두 부모가 해결해 주는 것이지요. 지나치게 부모에게 의존하게 만듭니다.

여름에 마음에 꼭 드는 망사운동화를 신게 된 자녀가 추운 겨울까지 그 신발만을 고집합니다. 부모는 "겨울에는 털부츠나 운동화를 신어야지! 망사운동화는 여름에만 신는 거야!"라고 나무랍니다. 그리고 여름 신발을 모두 치워 버립니다. 자녀가 자연스럽게 경험하고, 신발을 갈아 신을 수 있는 기회를 박탈합니다.

환절기에는 아침과 낮 기온의 차이가 큽니다. 이럴 때 감기에 걸리기 쉽다는 것을 부모는 경험적으로 잘 알지요. 그래서 조금 가볍게 입고 등교하려는 자녀를 향해 소리칩니다.

"오늘 아침은 추우니 낮에 벗어서 들고 다니더라도 두꺼운 외투를 꼭 입어야 해!"

그러나 부모는 자녀가 더위와 추위를 언제 느껴야 할지 대신 결정해주는 사람이 아닙니다. 오늘 좀 추웠다면 내일은 두꺼운 점퍼를 스스로 꺼내 입을지도 모릅니다. 두꺼운 점퍼가 불편하면 얇은 옷을 겹쳐 입을 수도 있겠지요. 시행착오를 해보고, 자신에게 가장 잘 맞는 방법을 찾을 수 있는 자녀의 선택권 자체를 빼앗아 버리는 것도 곤란합니다. 물론 감기 걸리는 게 걱정된다면 자녀에게 그 점은 이야기해줄 수 있습니다. 자녀의 생각과 선택을 존중하고, 더불어 부모가 걱정하는 바를 말해 주는 거죠.

자녀 인생의 모든 것을 부모의 계획대로 진행할 수 없습니다. 자녀의 불편함이나 선택의 순간을 부모가 매번 보호하려고 노력하고, 계속 그러한 모습을 본 자녀는 다음에도 부모가 계속해서 그렇게 해야 한다고 생각할 수 있습니다. 일종의 환상이지요. 그렇게 자라던 자녀는 어느 순간, 부모가 평생 그런 보호자 역할을 해줄 수 없다는 것을 발견하게 되겠지요. 아무리 능력 있는 부모라도 모든 고난과 불편으로부터 자녀를 완벽하게 보호할 수는 없으니까요. 자녀가 부모를 향해 가졌던 환상이 깨졌을 때, 그들은 분노와 원망의 감정을 느끼게 됩니다. 이를 두고 심리학자 하임 지노트 Haim. G. Ginott 는 "의존성은 적개심을 낳습니다. 아이들이 스스로 할 수 있는 일을 하도록 두세요." 라고 말했습니다.

부모의 과잉보호 속에서 응석받이로 자란 자녀는 인생이 자기 뜻대로 되지 않으면 끊임없이 분통을 터뜨리게 됩니다. 크면 나아진다고요? 그런 사람도 있겠지만 오랜 시간 응석받이로 자란 사람은 성인이 되어서도 그 태도를 버리기 쉽지 않은 경우가 더 많습니다. 세상을 향한 자신의 무력감에 분노하는 어른이 될 가능성이 매우 큽니다. 그동안 부모가 결정하고 알아서 다 해주던 일들이 어느 날 갑자기 자신의 몫으로 다가올 때, 자녀는 "내가 갑자기 이 어려운 일을 다 해야 한다고?" 하며 좌절과 분노를 동시에 경험합니다.

성인이 되어서도 자신의 의무를 거부하며, 처한 상황에 바른 행동을 하지 못하고 회피해 버리는 사람을 우리는 '무책임한 인간'이라고 비난합니다. 하루아침에 생긴 무책임한 삶의 태도가 아닙니다. 오랜 시간 동안 의존하며 무기력하게 길러진 결과입니다.

자녀가 어리면 어린 대로, 또 조금 커 가면 그 나이에 맞게 적절하게 좌절하게 두는 것은 부모가 보여주는 믿음입니다. 여기서 중요한 점은 감당할 수 있을 만큼의 인생을 경험하도록 하는 것입니다. 지혜로운 힘을 가진 부모는 문제가 너무 커서 자녀가 감당할 수 없을 때 재빠르게 개입할 수 있는 상태로 대기하는 부모입니다. 그래서 문제 소유 가리기가 중요합니다. '이 문제가 자녀가 해결할 수 있고, 경험하며 배울 수 있는 수준의 것인지, 부모가 문제의 전부, 혹은 일부의 소유자가 되어 적절한 시기에 개입해서 자녀를 보호하고 지도해야 할 문제인지'부터 알아야 하니까요.

부모는 자녀가 스스로 할 수 있는 일을 대신 해주며 자기 능력을 과시하고, 스스로 '나는 좋은 부모야.'라고 속기도 합니다. 물론 부모는 그런 순간에 '자녀를 사랑해서' 자녀의 일을 대신 해줍니다. 나쁜 의도는 없을지도 모릅니다. 자녀를 편하게 해주고 싶거나 부모가 더 잘할 수 있으니 해주는 것이지요. 문제는 자녀가 혼자 힘으로 할 수 있는 일을 부모가 먼저 하는 것은 자녀가 성장할 기회를 박탈한다는 점입니다. 믿기 어렵겠지만 자녀를 인격체로 존중하는 마음이 조금 부족해서 이런 일이 일어납니다. 부모가 인내심을 가지고 "네가 이 일을 할 만큼 컸단다. 한번 해보렴. 할 수 있어. 계속해 봐. 기다릴게."라고 격려할 때, 자녀는 떼를 쓰거나 무력하게 부모가 해결해 주기를 기다리는 자세에서 벗어날 수 있습니다. 조용하면서도 부드럽게 자녀가 혼자 할 수 있는 일을 기다려 주세요. 조바심이 격려를 망칩니다. 자녀의 능력을 과대평가해서 "너는 다 할 수 있어. 하면 돼! 안 되는 게 어딨어?"라고 과도한 요구를 하는 것도 바르지 않습니다. 너무 많은 기대를 하는 것은 부모의 욕심이고 강요이듯이, 자녀의 능력을 믿지 못하고 과잉보호하는 것은 기본적으로 자녀를 존중하지 않는 태도임을 기억해 주세요. 자녀는 부모가 믿어줄 때 적절한 좌절을 통해 독립심과 자립심을 배웁니다. 과잉보호하지 않는 것은 자녀를 믿어주는 격려의 첫 단계입니다.

　둘째, 부모 자신의 불안을 다스리고 자녀의 두려움에 동요하지 않아야 합니다. 부모의 이런 자세는 자녀에게 큰 격려의 메시지가 됩니다. 고통은 인생의 일부입니다.

부모와 자녀의 인생도 모두 그렇습니다. 고통에서 벗어날 수 있는 길은 따로 존재하지 않습니다. 인생의 일부니까요. 삶에는 문제와 고통이 늘 수반됩니다. 그러니 부모는 자녀가 경험하는 고통과 두려움에 지나치게 동요하지 않아야 합니다. '용기 있는 사람이 고통을 덜 느낀다.'라는 어느 학자의 말도 있지만, 여기에 개인적으로 동의하지 않습니다. 고통은 사람마다 다르게 느끼고 견디는 게 아닐까요? 용기 있는 사람이라고 고통을 느끼는 강도가 약하다고는 생각하지 않습니다. 다만, 앞서 용기의 정의에서 보았듯이 예상되는 어려움을 감내하고 삶의 여정을 걸어가겠다는 확신을 가진 사람은 그렇지 않은 사람보다 의연하게 고통을 받아들이고 갈 수 있다고 기대해 봅니다. 인생의 고통은 탄생과 함께 이미 예견된 일이니까요.

자녀가 자기 몫의 고통을 의연하게 받아들이는 자세를 가지길 원한다면 부모가 도와줄 필요가 있습니다. 부모가 자녀의 두려움에 심하게 동요할 때, 자녀는 더 겁을 먹게 됩니다. 부모는 자녀의 고통이 자신의 고통보다 더 힘든 사람입니다. 자녀를 너무 사랑해서 "차라리 내가 이 고통을 겪었으면 좋겠다."라고 생각하는 게 부모니까요. 그러나 부모와 자녀는 아주 특별하고 친밀한 관계지만 서로의 짐을 대신 지고 가줄 수 있는 관계는 아닙니다.

다시 말하지만 자녀는 타인입니다. 부모는 자녀가 자신의 고통에 적절하게 대처하며 인생을 살 수 있도록 격려하고 버텨 주는 존재로 그 역할을 할 뿐입니다. 이때, 안정감 있고 의연한 부모의 태도는 부모 자신이 가진 불안을 스스로 알고 다스리려 노력할 때 가질 수 있습니다. 부모교육이 자녀를 잘 키우려고 시작했다가 자기 자신을 알아가는 쪽으로 흘러가는 이유가 이 때문입니다. 내 안의 해결되지 않은 불안을 다스릴 때 자녀의 두려움에 동요되지 않을 수 있습니다. 자신과 자녀가 처한 상황 중 너무 견디기 어렵고, 심하게 걱정되고 두려운 순간이 있다면 부모인 내가 기질상 유독 예민하게 반응하는 것일 수도 있고, 토닥이고 만져주지 못한 마음의 상처가 남아 있어서일 수도 있습니다. 어느 쪽이든 알아차리고 "그래, 내가 이럴 때 겁이 나지. 나는 이러면 너무 무서워. 그러나 이건 내 마음이야. 자녀는 나와 다른 존재야. 나도 아이도 이 시간을 통해 성장할 거야."라고 말해주면 좋겠습니다. 부모가 자녀의 두려움에 크게 흔들리는 모습을 보이지 않고, 인생의 어려운 일을 만났을 때 든든한 산처럼 버텨 주는 그 자체가 자녀에게는 정말 큰 격려랍니다.

셋째, 자녀를 불쌍하게 여기지 않고, 일관성 있게 신뢰하는 태도를 보여야 합니다. 자녀가 질병이나 장애, 혹은 다른 큰 사건을 겪을 수 있습니다. 이런 상황에서 부모는 너무 마음이 아프지요. 그러나 일어난 일에 대해 함께 마음 아파하는 공감에 머물러야 합니다. 그 일을 겪는 자녀를 너무 작고 약하고 가여운 존재라고 생각하며, 그 능력까지 마음대로 평가한다면 공감이 아니라 동정으로 흘러갈 수 있습니다. 자녀를 불쌍하게 여기는 동정은, 격려해서 용기를 북돋아 주는 것과 정반대의 결과를 가져올 수 있습니다.

자녀를 사랑하고 존중한다면, 그 존엄성과 가치를 지지하고 '네가 이런 시련에도 용기 있게 맞설 수 있는 사람임을 우리는 믿는다.'라는 언어와 비언어적 메시지를 듬뿍 전달해야 합니다. 위기를 만났을 때, 자녀는 부모를 바라봅니다. 어떻게 대처해야 할지 부모를 보고 배웁니다. 그때 부모가 "가엾은 우리 아이, 네가 딱해서 우리가 견딜 수가 없다. 우리가 대신 겪으면 좋겠다. 어쩌면 좋니! 우리가 네가 겪은 이 고통을 어떻게든 보상하도록 최선을 다해보마. 부모만 믿어라." 이런 태도를 보이는 것은 어딘지 모르게 부모가 더 우월한 존재이니 어떻게 해보겠다는 의미가 전달되기 쉽습니다. 좋은 의도를 가진 부모의 동정이 자녀가 경험하고 있는 슬픔, 아픔보다 더 해로울 수도 있습니다. 부모는 자녀가 자신을 불쌍하게 여기며 삶을 살기를 바라지 않을 것입니다. 어려운 일을 겪는 자녀를 혼자 두지 않되, 적절한 경계선을 지키며 '그래, 정말 어려운 일이구나. 사랑하는 네가 이런 일을 겪어서 우리도 너무 마음이 아프다. 그러나 이 어려운 상황을 네가 잘 헤쳐 나가도록 아빠 엄마는 항상 네 곁에 있을 거야.'라는 믿음을 보여주면 됩니다. 그게 바로 격려입니다.

'사람은 믿어주는 만큼 자라고, 아껴주는 만큼 여물고,
인정받는 만큼 성장하는 법이다.'
- 드라마 '낭만닥터 김사부 2'

마지막으로 부모가 가진 완벽주의와 과잉기대를 버리고, 자녀의 가치 자체를 인정하는 마음을 가지는 것 역시 격려입니다. 첫아이를 낳고

어리바리한 초보 엄마로 겨우겨우 살고 있을 때, 먼저 자녀를 키운 선배 엄마가 이런 말을 하는 것을 들은 적이 있습니다.

"한참 동안 예쁘지. 성적표가 나오기 전까지는 말이야."

참 슬픈 말이지요. 자녀를 성적과 등수로 바라보기 시작하면 건강하게 태어나서 커 주면 고맙던 시절을 잊게 된다니 말입니다. 자녀의 가치를 있는 그대로 인정해야 합니다. 가치와 성취의 개념을 구별하고, 존재 자체를 수용해야 합니다. 자존감의 두 영역 중 자기 존재감을 말하는 것입니다. 학업에서 뛰어난 성취를 이루어 낼 때만 자랑스러운 자녀가 아닙니다. 경쟁에서 이기는 자녀만 내 자녀가 아니지 않습니까? 우리는 소중한 사람에게 인정받고 싶은 존재입니다. 부모인 우리가 넓은 집과 고급 승용차를 제공했을 때만 자녀가 우리를 존중한다면 얼마나 비참할까요? 우리도 자라며 부모님에게 승패나 시험의 합격 여부와 무관하게 무조건 수용을 받고 싶었고, 지금도 그럴 것입니다.

사람은 누구나 소중한 사람에게 조건 없는 수용을 받고 싶습니다. 부모에게 그런 경험을 할 수 있다면 가장 좋겠지요. 부부가 그런 조건 없는 수용을 해준다면 정말 최고의 관계가 되는 것입니다. 신에게 그런 수용과 인정을 받는 가슴 벅찬 경험하기 위해 신앙생활을 하는 사람도 있을 것입니다. 무엇이든 좋습니다. 결과를 떠나 부모가 자녀를 있는 그대로 인정해 준다면 자녀는 높은 자존감과 용기를 경험할 수 있습니다.

부모가 바라는 자녀의 모습은 어떤 걸까요? 어려운 시험이나 일에 실패했을 때, 때로는 혼자 남겨진 것처럼 외로운 상황일 때, 우리 자녀가 이렇게 말하고 힘을 내길 바라실 겁니다.

"내가 강점도 있지만, 종종 실패하기도 하지. 이번 시험(일)은 꼭 잘되길 바랐는데 그렇게 안 돼서 너무 속상해. 그렇지만 이 결과와 무관하게 부모님과 가장 친한 친구들, 그리고 하나님은 날 사랑하셔. 너무 속상하고 힘드니까 이번 주말까지는 좀 쉬어야겠어. 맛있는 것도 먹고 많이 자고, 다시 도전할테야."

살면서 얼마나 많이 실패합니까? 내 마음이나 노력과 달리 부끄러운 순간도 많이 경험하지요. 그러나 자신의 존재 가치를 있는 그대로 인정받는 격려를 경험하는 사람은 자존감과 용기를 가질 수 있습니다. '나의 성공 여부와 무관하게 나의 부모와 친구, 그리고 내가 믿는 신은 나를 사랑한다.'라는 신념은 용기 있는 행동의 원천이 됩니다. 성공하면 기뻐하고, 실패하면 잠시 쉬었다 다시 일어날 수 있게 하지요. 내가 존재 자체로 충분히 사랑받고 있다는 것을 아는 사람은 닥쳐오는 어려움에 맞서 싸울 용기를 가질 수 있습니다.

또 하나, 자녀가 그릇된 행동을 한다고 해서 자녀의 가치까지 동일시하지 않는 것도 중요합니다. 인격과 행동을 구분하는 것입니다. 자녀를 훈육할 때 더 주의해야 할 점입니다. 자녀가 게으른 행동, 이기적인 행동을 할 때가 있겠지요. 그렇다고 우리 자녀가 게으른 사람, 이기적인 아이는 아닙니다. 자녀에게 "왜 이렇게 게으르니? 넌 왜 너밖에 몰라, 너무 이기적이야!"라고 말하는 부모는 자녀를 훈육하는 게 아닙니다. 마음을 상하게 할 뿐입니다. 사람은 모두 실수를 통해 배우는 존재이고, 우리 안에는 좋은 점과 나쁜 점이 공존합니다. 부모 자신이나 자녀의 마음에 들지 않는 행동에 다음과 같이 생각하고 답해 보세요. 그날 했던 그릇된 행동만 교정할 수 있어야 합니다. 자녀를 그릇된 인간으로 평가하는 말은, 부모-자녀의 마음에 상처를 남길 뿐이라는 걸 이미 경험으로 알고 계시잖아요.

다른 가족들은 먹지 않는 B 치킨. 본인은 좋아하니 그것만 먹겠다고 고집을 부리는 서진이. "넌 왜 그렇게 이기적이니? 다른 식구들은 안 먹잖아. 네 입만 입이니?"라는 말 대신 부모가 속으로 이렇게 생각해보면 어떨까요?

'나도, 우리 아이도 이기적이기도 하고, 이타적이기도 해. 사람은 그 두 가지 면을 다 가지고 있으니까. 오늘 서진이는 자기가 좋아하는 음식만 고집하고 다른 가족을 생각하지 않는 이기적인 행동을 한 것일 뿐이지 서진이 자체가 이기적인 인간은 아니야.'

연휴에 해가 중천에 떠 있는데도 이불 속에서 나오지 않는 민주. "안 일어나니? 도대체 지금이 몇 시냐? 이렇게 게을러서 어떻게 공부하고, 어떻게 살 거야?"라고 비난하고 싶지만 잠시 숨을 고르고 생각합니다.

'우리 민주가 연휴에 너무 늦게까지 잠을 자는 건 게으른 행동이지. 그렇지만 민주는 자기가 좋아하는 요리를 할 때나 보고 싶은 공연을 알아보는 데는 아주 부지런하고 재빠른 아이야. 민주 자체가 게으른 아이가 아니야. 민주는 게으른 행동을 하기도 하고, 놀랍도록 부지런하게 자기 일을 하는 날도 많지. 잘 격려해서 좋은 쪽으로 부지런해지도록 해봐야지. 지금 내가 '너 그렇게 게을러터져서 어쩔 거야?'라고 소리 지르면 우리 관계만 깨질 뿐이야. 지금은 연휴잖아.'

과정 중에 있는 우리

우리는 모두 인생이라는 긴 여행의 과정 중에 있습니다. 과정이란, 그 시기를 지나며 성공과 실패의 경험을 반복하며 배운다는 뜻입니다. 단번에 잘하거나 목표를 달성하지 않으니 과정입니다. 그리고 부모와 자녀 모두 미성숙합니다. 계속 배우고 시행착오를 겪으며 살아갑니다. 그러니 양육서를 읽거나 부모교육을 듣고 자책하지 마세요. 계속해서 강조하지만, 부모가 먼저 자신을 수용할 수 있어야 하니까요. 실수를 거듭한다고 해서 자녀에게 "너는 구제 불능이야. 끝장이다!"라고 말하면 안 된다는 건 알지만, 그 말을 부모 자신에게 하지 말아야 한다는 건 종종 잊어버립니다.

부모도 실수합니다. 책을 읽을 때, 전문가의 강의를 들을 때, 과거의 실수가 떠올라 가슴을 치는 경험을 해보셨나요? 왜 아니겠어요. "나는 그런 적 없는데요?"라고 당당하게 말할 수 있는 부모가 얼마나 있을까요? 설령 있다면 오히려 그렇게 당당한 부모가 더 걱정됩니다. 동서고금을 막론하고 어느 부모가 자녀 양육에 자신하고 큰소리칠 수 있겠습니까? 부모는 자녀를 양육하며 어른이 되어가는 존재인데 말입니다.

자녀는 미성숙합니다. 몰라서 실수하기도 하고, 알면서도 그릇된 선택을 하기도 합니다. 그래서 부모의 훈육이 필요합니다. 부모도 자녀보다 더 많이 살았지만 그래도 미성숙합니다. 부모를 신처럼 강한 존재라고 말하지 마세요. '신이 모든 곳에 있을 수 없어서 어머니를 세상에 보냈다'라는 서양 속담이 있다는데, 동의하지 않습니다. 모든 곳에 있을 수 없으면 신이 아니지요. 엄마에게 그런 커다란 부담을 주지 마세요. 아빠의 부성도 마찬가지입니다. 부모는 자녀를 위험으로부터 보호하고, 속한 사회에서 건강한 시민으로 살아갈 수 있도록 준비시키는 의무가 있는 양육자입니다. 넓은 마음과 깊은 사랑을 가져야 잘 수행할 수 있는 게 부모 역할입니다. 그렇다고 해서 자녀를 위해 희생하고 과도한 책임감, 죄책감을 느껴야 하는 사람은 아닙니다.

가족 상담의 대가들은 부모가 가장 경계해야 하는 것이 과도한 책임감과 자녀를 향해 가지는 죄책감이라고 입을 모읍니다. 네, 너무 좋은 부모가 되려고 애쓰지 마세요. 자신의 의무를 이행하려고 노력하고, 올바른 행동을 하고, 자신의 선택을 좋은 자세로 수용하는 건강한 책임감이면 충분합니다.

'내가 어떻게든 우리 자식을 성공시켜야겠다, 잘 키워야 한다. 나는 그렇게 못했지만 내 자식만은 잘살게 하고 싶다.'등의 생각은 과도한 책임감입니다. 부모가 자기 이해와 공감 없이 오로지 자녀를 위해 희생하는 건 옳지 않습니다. 책장 가득 아이들의 책만 있고, 부모의 책이 한 권도 없는 집이 많습니다. 자신은 자라며 둘째라서 아버지와 형이 닭다리를 먹는 바람에 이제껏 한 번도 닭 다리를 못 먹어 봤지만, 자식만큼은 맛있는 다리를 먹이고 싶다고 여전히 자신은 안 먹고 아들에게는 닭 다리를 주시는 아버지도 있습니다. 또 나는 집안 형편이 어려워서 그림 공부를 못했지만, 자식만큼은 그런 고민 없이 마음껏 미술을 했으면 좋겠다며 자녀교육을 하시는 어머니가 있습니다. 이런 부모님께 해드리는 말이 있습니다.

"내 자녀가 살길 바라는 인생을 내가 먼저 살면 됩니다."

딸이 전 세계를 누비며 자유롭게 일하고 멋지게 살기를 꿈꾼다는 어머니를 만난 적이 있습니다. 그렇다면 어머니는 외국에 나갈 여유가 안 되면 대한민국의 도道를 넘나드는 멋진 인생을 먼저 살아 보시길 권합니다. 아들이 자신의 감정에 솔직하고, 타인의 마음을 함부로 대하지 않는 신사로 크기를 바란다는 아버지와 대화를 나누었는데, 이 아버지는 이미 본인이 그런 남성이었습니다. "나는 비록 이렇지만 너는 나처럼 살지 마라."는 말은 우리의 조부모님, 부모님 세대에서 마치면 좋겠습니다. 나와 배우자는 다른 인생 각본을 써야 하지 않을까요?

보웬은 '사람은 서로 의존하면서 동시에 독립적이기를 바라는 마음을 가졌다.'고 보았습니다. 가족 구성원이 정서적으로 서로 얽혀 있어서 상대에게 의지하는 마음과 가족으로부터 독립해서 지내려는 마음이 공존한다는 것입니다. 보웬 이론에 따르면 가족 구성원이 서로 연결되어 민감하게 반응하는 연합성과 자신의 삶을 스스로 정하고 추진해 가려는 개별성이 균형을 이루면 '분화'된 건강한 상태지만 그렇지 않은 관계에서는 부모의 불안이 자녀에게 고스란히 전해진다고 합니다. 부모는 부모의 삶을 살아야 합니다. 자녀에게 부모의 과도한 기대와 바람, 그리고 불안을 전수하지 마시기 바랍니다. 부모-자녀가 친밀한 관계임은 분명 하나 엄밀히 말하면 타인입니다. 물론 부모도 처음 살아보는 자신의 삶이 편안하지만은 않습니다. 자녀의 미래도 불안하고 걱정됩니다. 그러나 그럴수록 소리 내서 말해야 합니다. 거듭 말하지만 뇌는 자기 목소리를 가장 잘 알아차립니다. 과정 중에 있는 부모 자신을 격려해 주세요. 그래야 자녀도 격려할 수 있습니다.

"인생은 과정이야. 마지막 순간까지 한 걸음씩 걷다가 가는 거야.

완성이란 없지. 미래를 아는 사람도 없고,

그래서 두렵지만, 또 그래서 살아 볼 만하지.

일어나지 않은 일을 끌어다 걱정하지 말자.

자녀에게 불필요한 불안을 전수하지 말자. 자책하지도 말자.

넘어지고 또 넘어지는 게 인생이야. 또 일어나서 걸으면 돼.

삶은 과정이야."

농사가 모두 농부 탓은 아닙니다

"농사 중에 자식 농사가 제일이다."
"문제아는 없다. 문제 부모만 있다."

부모에게 부담을 주는 말입니다. 물론 일리가 있습니다. 맞는 말이지요. 그러나 절대적이지 않습니다. 꼭 다 맞는 말은 아닙니다. 살아 보셔서 아시겠지만, 우리 인생에 '모두', '반드시', '절대로'처럼 극단으로 표현해도 되는 경우는 몇 가지 안 됩니다.

부모-자녀 관계도 그렇습니다. 특히 자녀 양육에 어려움을 겪고 있거나 자녀로 인해 큰 고통을 겪은 부모에게 "문제 부모만 있다. 자식 농사가 제일 중요하다."는 말은 참 잔인합니다. 농사가 어디 전부 농부 탓이던가요? 아닙니다. 가뭄이나 홍수 같은 자연재해를 만나서 우는 날도 있고요, 날씨도 도와주고 농부도 열심히 농사를 지었는데도 수확물이 흡족하지 않은 해도 있습니다. 그래도 농부는 농사를 짓습니다.

농작물이 농부의 발걸음 소리를 들으며 자란다는 말이 있습니다. 농부는 성실하게, 아침밥을 먹으면 논과 밭으로 갑니다. 하루 일을 하고 해가 저물면 집으로 돌아오지요. 자녀를 양육하는 긴 시간을 농사에 비유한다면 자식 농사도 그렇게 하면 됩니다. 진심으로 잘되길 바라며 그날 주어진 일을 하는 것입니다. 뜻하지 않게 만나는 병충해나 가뭄과 물난리에 대비는 하지만 인력으로 어쩔 수 없는 일도 일어납니다. 그런 일은 고통스럽지만 끌어안고, 또 다음 해 농사를 준비하고 포기하지 않으면 됩니다. 중요한 건 그런 자세입니다. 부모를 농부로 본다면 그 정도면 족합니다. 농사를 모두 농부 탓으로 모는 사회 분위기도 바람직하지 않고요, 자책하는 건 더더욱 지양해야 합니다.

자존감에 관한 착각

기질과 자존감은 다른 개념입니다. 예를 들면, 발표를 잘하거나 사람과 잘 어울리며 웃는 아이는 외향적인 사람입니다. 내향적인 아이는 알아도 발표하고 싶지 않을 수 있습니다. 굳이 많은 친구와 어울려서 이야기하지 않아도 되고요. 그건 그냥 자녀의 기질이지 아이가 자존감이 낮아서 적극적이지 않은 게 아닙니다. 또 하나, 기질상 주어진 환경에 잘 순응하고 사는 무던한 아이는 평소 자기주장을 강하게 하지 않고, 주변의 힘든 일에 적극적으로 대응하지 않는 편입니다. 부모는 그런 모습을 보며 '우리 애가 자존감이 낮아서 자기 의견을 적극적으로 말 못하는 거 아닌가?'라고 고민합니다. 그러나 오히려 기질상 민감도와 자극에 대한 반응 강도가 낮은 순한 아이가 사회생활을 수월하게 합니다. 크고 작은 자극이 들어올 때마다 과민하게 반응하지 않으니 본인도, 주변 사람도 편안하기 때문입니다.

민감한 기질을 가진 사람은 자극에 좀 세게 반응할 수 있습니다. 주체성이 강하고 호불호가 명확한 기질을 가진 사람도 있습니다. 이런 기질을 가진 자녀를 키우는 부모는 "우리 애가 자기 좋고 싫은 게 분명해."라고 좋아할까요? 그렇지도 않습니다. "사사건건 아니라고 하고, 매사 다 싫다고 불평하고, 자기 좋은 거는 신나서 하고, 안 되면 크게 실망하거나 화를 내는데, 이게 자존감이 낮아서 그러는 거 아닌가요?"라고 걱정합니다. 화내고 좌절하는 건 모든 인간이 가진 정상 반응입니다. 일희일비하거나 뭐든 자존감에 연결하지는 말아 주세요. 기질과 자존감은 무관합니다. 자녀가 학교나 다른 기관에 적응해서 생활을 잘하고 있다면 일어나지 않은 일을 끌어다 걱정하지 않으셔도 됩니다.

자존감에 관한 착각이 하나 더 있는데요, 자신감과 자존감을 같은 개념으로 보는 것입니다. 자신감은 있다가도 없어집니다. 내가 해본 건 좀 자신 있게 할 수 있는 거고요, 경험해보지 않은 새로운 일은 겁이 납니다. 뭐든 자신 있게 도전하는 걸 자존감이 높다고 보는 데는 무리가 있습니다. 다양한 경험이 쌓여서 자신감이 조금 더 있는 경우도 있습니다. 낯선 환경에 적응하느라 긴장 상태일 때 자신감이 부족한 걸 자존감이 낮다고 지레 걱정하지 않아도 됩니다. 많은 사람을 만나보니 안 해본 일을 시작하고, 새로운 길을 가는 데 무조건 자신 있게 도전하는 사람은 없었습니다. 겉으로는 의연해도 속으로는 '아이고, 내가 괜한 일 저질렀나? 잘 할 수 있을까?' 하는 마음과 '가보자. 안 가도 시간은 가고, 이 길을 가도 시간을 흘러간다.' 하는 마음이 하루에도 열두 번 오갑니다. 그러니 자녀는 연령에 맞는 적절한 경험과 좌절을 통해 마음 근육이 커 가면 됩니다. 우울과 불안, 걱정, 화 같은 일반적인 감정을 모두 자존감이 낮은 거라고 끌어다 붙여서 양육의 고민을 만들어 내지 않아도 됩니다.

Chapter 5

성숙해가는 부모, 성장하는 자녀

1 책임감을 배우는 가정

부모는 사랑하는 사람을 선택해서 결혼했습니다. 자녀를 계획해서 임신하고 출산한 분도 있지만 사실 생명은 신의 영역입니다. 우리가 아무리 자녀를 원해도 마음대로 임신과 출산을 할 수 없고, 내 마음에 쏙 드는 아이를 낳고 기르는 것도 불가능합니다. 자녀의 출산과 양육 말고도, 삶에선 우리 마음대로 되지 않는 영역이 내가 계획하고 노력한 그대로 되는 영역보다 더 많습니다. 그래서 사랑하는 연인의 만남도 운명이겠지만 부모-자녀의 끈으로 연결된 것은 출산이든 입양이든 운명이라고 해도 과언이 아닙니다. 부모는 자녀를 선택할 수 없습니다. 그러나 자녀를 어떻게 대할지, 그 태도와 언행은 선택할 수 있습니다.

자기 선택의 결과를 수용하는 것이 책임감의 정의 중 하나입니다. 부모-자녀 관계에서는 만남 자체를 받아들이고 함께 성숙하고 성장해가는 것을 선택하면 그게 책임감을 배우는 과정이 아닐까요? 자녀 양육으로 매우 힘든 부모가 이번 장을 읽으면 좋겠습니다. 행복한 사람, 건강한 사람은 스스로 선택하고, 그 결과를 좋은 자세로 수용하고 또 앞으로 나아가는 사람입니다. '일상을 견디는 삶이 에베레스트 산 완등만큼 위대하다.'는 정신과 의사 유은정 선생의 말처럼 대단한 일을 성취하지 않더라도, 삶을 소중하게 여기는 작은 선택을 하고 그 결과를 수용하며 살아가는 이 땅의 많은 부모는 위대하고 행복한 사람입니다.

책임감도 사랑입니다

"저는 남들처럼 그렇게 자식이 예뻐서 물고 빨고 한 적이 없어요. 임신 때도, 출산 직후에도, 아이가 초등학교에 입학한 지금까지도 뭐 그렇게 크게 자식이 예쁘다, 귀하다. 이런 느낌은 별로 없어요. 그냥 결혼하고 낳았으니 내가 할 수 있는 만큼하고 키워서 독립시키면 된다는 주의인데, 주변을 둘러보니 저처럼 냉정한 엄마는 없네요. 제가 좀 문제가 있나요?"

"부모교육에서는 자녀를 존재 그 자체로 사랑하라는데 사실 저는 좀 힘들어요. 머리로는 알겠어요. 그런데 자녀가 자꾸 제가 실망하게 하는 일을 하거든요. 아이가 문제를 일으켜서 학교로, 학원으로 뛰어다니다 보면 '사랑받기 위해 태어난 내 아이'라는 생각이 잘 안 듭니다. 너무 힘들어요. 자꾸 존재 자체로 사랑하고 수용하라고 하니 마음이 답답합니다. 배우고 노력해도 제가 나쁜 부모라는 생각이 들어요."

"아버지에 대한 기억이 전혀 없습니다. 그래서 나는 꼭 좋은 아버지가 되겠다고 굳게 다짐했지만 쉽지 않습니다. 제가 생각하는 좋은 아버지는 자녀의 감정 자극에 크게 휘둘리지 않고 잘 버텨 주는 든든하고 넓은 산 같고, 바다 같은 아버지입니다. 그런데 아내는 제가 자녀와의 관계에서 삐걱거릴 때마다 "애보다 당신이 더 힘들어"라고 합니다. 제가 아버지 모델을 본 적이 없다 보니 부성애가 부족한가 봐요."

생명을 만나고 양육하는 과정에서 절절하게 애끓는 사랑이나 샘솟는 모성애, 부성애가 없어도 괜찮습니다. 부모-자녀의 관계를 위해 시간과 정성을 쏟아 공부하는 부모, 잘 안되는 날이 더 많지만 그래도 지혜로운 힘을 가진 부모가 되기 위해 자녀의 목소리에 귀를 기울이고 선택의 자유를 주는 부모, 그리고 적절한 한계를 울타리로 제공하려고 고민하는 부모는 책임감 있는 부모입니다. 왜냐하면, 자신에게 주어진 의무를 받아들이고 현재 삶의 현장에서 올바른 행동을 하려는 부모이기 때문입니다. 자녀와의 관계를 위해 애쓰는 부모는 자신의 선택과 그 결과를 기꺼이 수용하는 책임감 있는 사람입니다.

사랑에 여러 가지 색이 있다면 책임감도 그중 하나입니다. 책임감도 사랑입니다. '나는 잘 못 해. 낙제만 면하면 좋겠다. 나도 다른 아빠(엄마)처럼 좀 좋은 부모이면 얼마나 좋을까?' 하는 생각이 수없이 머릿속을 지나가도 그런 자신을 너무 나무라지 말아 주세요. 그런 거 아시죠? 본디 잘하는 사람이 더 잘하고 싶어서 '나는 못 해. 잘하고 싶어. 잘하는 저 사람이 부럽다.' 라고 생각하는 겁니다.

혹시 자신이 부모로서 너무 부족하다는 생각 때문에 자녀에게 미안한 마음이 크고, 양육과 부모 역할에 관한 이야기가 나오면 속상하고 죄책감이 든다면, 자녀의 사진을 찾아서 보시길 추천합니다. 사진 속 자녀가 해맑게 웃고 있거나 부모가 카메라를 보라고 해도 멋대로 자기 할 일을 하며 말을 지독하게 안 듣는 장면이 많다면 당신은 좋은 부모일 확률이 높습니다. 일단 함께 사진을 찍는 시간과 공간을 공유했고, 사진 찍을 때 부모가 하라는 대로 똑바로 안 하면 혼날까 봐 모두 정면을 응시하거나 부모가 하라는 대로 하지 않고 '아빠 엄마는 찍어요, 나는 노는 중이니까요!'라는 자유분방함을 보였다면 자녀의 사고와 표현의 자유를 꽤 많이 존중해 준 부모일 테니까요. 내가 옳은 독재형 부모와 사는 자녀는 그렇게 멋대로 사진 찍을 자유가 없답니다.

두 번째는, 내가 자녀에게 좋은 부모가 아니라는 죄책감에 시달리지 말고 자녀에게 물어보면 됩니다. 모르면 물어보는 거지요. 혼자 넘겨짚고 괴로워하는 것도 관계에서 경계선을 지키지 못하는 행동으로 볼 수 있습니다. 자녀의 마음을 묻지 않고 '그럴 거다.' 혹은 '내 생각에 그러니까 그렇다.'라고 믿고 자책하는 것은 눈에 보이지 않는 영역에서 경계선을 넘나드는 행동입니다. 눈에 보이는 영역에서 묻지 않고 자녀에게 "너는 이게 필요해."라며 국영수를 가르치거나 김치와 반찬을 잔뜩 보내는 행동과 크게 다를 바가 없습니다. 상대의 생각과 마음을 물어보지 않고 일방적으로 추측하고 판단했으니까요. 자, 혼자 선을 넘나들며 힘들어하지 말고 당사자에게 물어보세요.

"이영아, 아빠가 이영이에게 어떤 아빠야?"
"다정아, 엄마가 다정이에게 어떤 엄마인지 궁금하다. 말해줄 수 있겠니?"
"성준아, 아빠와 너 사이를 1에서 10까지 점수로 표현하면 몇 점 정도야? 1은 '아빠랑 살기 싫다.'이고, 10은 '다시 태어나도 아빠 아들!'하는 거야. 자, 그럼 1에서 10 중 아빠는 몇 점쯤에 있어?" (애정 척도 질문)

자녀의 대답을 확인해 보세요. 답은 거기에 있습니다. 자녀의 마음을 왜 부모가 넘겨짚고 고민합니까? 모르면 물어보면 됩니다. 자녀가 생각보다 점수를 후하게 주는 경우도 많습니다. 물론 혼자 좋은 부모라고 착각하고 있다가 낮은 점수를 받고 깜짝 놀란 사람도 있습니다. 그러나 그런 부모는 10년 동안 딱 한 명 만났습니다. 그러니 염려 말고 물어보세요. 자녀가 점수를 말하면 바로 그다음 점수로 가려면 뭐가 좀 달라져야 하냐고 물어보면 더 좋습니다. 아주 구체적인 행동을 말해 준다면 부모-자녀는 그 점을 두고 함께 이야기하고 놀면 되니까요.

"성준아, 아빠와 너 사이가 7점이라고 했잖아. 그럼 8점이 되려면 뭐가 좀 달라져야 할까?

"한강에서 라면 끓여 먹으러 같이 가 주면요."

"내가 밤에 자다 화장실 갈 때 같이 가 주면 8점이 될 수 있어요."

"수학 숙제 많이 틀려도 한숨 안 쉬면요."

2   관계를 위한 가족 놀이

저자의 다른 책(<초등학생의 꾸물거림에 대하여>, 리얼러닝, 2022)에서 다루었지만, 자녀의 연령과
무관하게 관계를 위해 부모가 꼭 알아야 하는 중요한 가족 화목활동이라 여기에도 같은 내용을 담았습니다.

　　많은 부모가 "아이가 평소에 자기 생각을 우리에게 편하게 이야기해
주면 좋겠어요.", "애들이랑 대화를 많이 하고 싶어요."라고 말합니다.
그렇다면 훈육할 때는 엄하고 호되게 자녀를 꾸중하고 싶어 할까요? 아
닙니다. 생각보다 많은 부모가 부드럽지만 단호하게 훈육하고 싶어 합니
다. 부모는 자녀가 자신의 가르침을 좋은 태도로 수용해 주기를 기대하
지요. 이런 교과서에 나올 법한 바람직한 가족의 대화와 훈육을 할 수 있
을까요? 네, 끈끈한 유대관계가 형성된 가정이라면 가능합니다.

　　물론 부모 자녀의 관계가 좋다고 매일 웃음꽃만 피는 것은 아닙니다.
서로 기분 상하는 일도 있고, 훈육할 때 자녀의 태도가 불손할 수도 있습
니다. 부모가 실수하는 날도 있지요. 그러나 서로의 기질과 좋은 의사소
통 기술을 알고, 아는 것을 실천해 보는 가정은 더디더라도 좋은 방향으
로 나가고 있다고 말할 수 있습니다. 책이나 강의를 통해 배우고 알게 된
것을 가정 안에서 자연스럽게 실천하기 위해서는 '관계'가 기본이 되어

야 합니다. 거꾸로 자꾸 하다 보면 어색했던 관계가 좋아지기도 합니다. 오늘부터 이번 장에서 소개하는 가족 놀이 시간을 가져보세요.

부모와 자녀가 좋은 관계를 형성하고, 유지하기 위해서는 어떤 노력과 연습이 필요할까요? 대가족이던 과거와 달리 오늘날은 주로 부모와 한두 명, 혹은 서너 명, 그러니까 적으면 세 명, 많으면 대여섯 명의 가족 구성원이 모여서 사는 형태입니다. 그리 많지 않은 사람이 가족 구성원으로 모여 살면서도 분열된 모습을 보이는 거지요. 조부모, 부모, 그리고 사촌이나 다른 친척이 모여 살지 않고, 오롯이 부모와 그 자녀만 함께 산다면 더 결속되고 함께 하는 시간이 많을 것이라고 기대할 수 있습니다. 그러나 오히려 이전보다 더 분열된 가정이 많습니다.

그 이유로 다음 두 가지를 들 수 있습니다. 대가족 안에서 서로에게 의존해서 시간을 보내던 시절과 달리 오늘날은 부모가 자녀에게 재미있는 놀잇감이나 장소는 제공해 주지만 직접 참여하지 않는 경우가 많습니다. 자녀에게 가장 좋은 것을 제공해주기 위해 노력하지만 정작 동참하는 일을 소홀히 하고 있다는 것이 첫 번째 이유입니다. 다른 하나는, 부모와 자녀 사이에 공통된 관심사가 부족하다는 점을 들 수 있습니다. 자녀는 부모의 세계와 다른 자신만의 놀이문화를 구축하려고 합니다. 부모와 함께 노는 것을 부담스러워하거나 원하지 않는 경우도 많습니다. 단순히 학령기가 되면 자녀가 또래 집단에 소속되어 친구와의 놀이가 더 재미있어서 부모와 보내는 시간이 줄어든다고 하기에는 설명이 부족합니다. 부모와 함께 즐겁게 할 수 있는 놀이와 게임을 경험하지 못해서 그럴 수도 있으니까요. 부모와 자녀가 짧지만 신나게 웃을 수 있거나, 조용하게 보내지만 함께할 때 편안하고 사랑을 느낄 수 있는 가족 놀이시간을 가지는 것이 그래서 중요합니다. 그 시간을 통해 자녀는 '나는 우리 집의 구성원이야. 나는 부모님에게 소중한 자녀구나. 부모님과 함께하는 시간이 편안하고 재미있다.'라고 생각하고 느끼게 됩니다.

우리는 자녀가 어린 아기일 때는 자녀의 몸짓과 말에 호응하고 함께 웃으며 잘 놀지만, 학령기가 되면 함께 노는 방법들을 잊어버리고 다시 개발하지 않습니다. 그러나 자녀에게는 부모와 함께 웃고 사랑을 확인하는 시간이 꽤 많이 필요합니다. 화목한 놀이시간은 부모와 자녀 사이의 결속력을 높이고, 서로를 이해하는 기반이 될 수 있습니다. 가정에서의 놀이와 게임은 친구들과의 관계와 달리 반드시 이겨야 하는 것이 아닙니다. 그냥 놀이 자체가 재미있고, 가족이 한 공간에서 시간을 함께 보내는 자체로 행복을 경험하는 과정입니다. 자녀가 밖에서 하는 활동 대다수가 잘하거나 잘못하는, 즉 이기고 지는 데 중점을 두고 있습니다. 이미 초등학교만 다녀도 우리의 자녀는 이기는 것이 중요하다는 사실에 익숙해져 있을 겁니다. 가정 안에서만큼은 자녀의 수준에 맞는, 져도 되고 이겨도 되는 놀이를 하면서 마음을 편안하게 해주면 좋겠습니다. 가족 놀이시간을 함께 정하고 일과에 포함해서 가족 모두가 그 시간을 기다리면 얼마나 행복할까요?

가족 놀이시간이라고 하니 조금 부담스럽게 느껴질 수도 있을 겁니다. 그러나 아주 단순하게 생각하셔도 됩니다. 가족이 함께 노는 시간이거든요. 이때 스킨십과 축복의 말이 들어가는 게 중요합니다. 또 놀이를 진행하다가 크게 웃을 수 있다면 최고지요. 놀이의 강약을 잘 조절해서 중간에 토라지거나 화를 내지 않도록 살펴주세요. 그러려면 시간이 길지 않은 것이 좋습니다. 시작은 좋았으나 끝은 누구 하나가 울고 끝나는 경험, 많이 해보셨지요? 가족 놀이시간은 짧게, 자주 하는 것이 좋습니다. 하루 10분 정도, 자녀의 나이에 맞는 재미있는 놀이에 동참하실 용기를 가지셨다면 바로 시작하실 수 있습니다. 적은 비용, 혹은 비용을 들이지 않고 하루 10분 정도 부모와 자녀가 함께 시간을 보낼 수 있는 가족 놀이를 소개합니다. 처음에는 쑥스러울 수도 있고, '굳이 이런 걸 해야 하나?' 하는 생각이 들 수도 있지만, 자녀와의 좋은 관계를 위해 그리고 자녀가 사춘기가 되어서도 부모와 함께했던 즐거운 추억을 떠올릴 수 있도록 용기를 내어 몇 가지를 직접 해보세요. 대화와 훈육은 좋은 관계 위에 가능하다는 것을 꼭 기억해 주시고요.

어린 자녀와 몸으로 할 수 있는 놀이

<알놀이 / 새끼놀이>

놀이 시작 전에 알을 낳는 조류 중 무엇을 할지, 새끼를 낳는 포유류 중 어떤 동물로 할지 자녀와 함께 선택합니다. 자녀가 좋아해서 자주 하자고 하면 월수는 알놀이 병아리, 비둘기, 독수리, 참새 등 , 화목은 새끼놀이 토끼, 강아지, 고래 등 이런 식으로 정해 놓으면 좋습니다. 준비물로는 잘 늘어나는 소재의 원피스나 이불만 있으면 됩니다.

엄마가 잘 늘어나는 소재의 원피스 안, 혹은 편하게 빨고 말릴 수 있는 이불 속에 자녀를 들어가게 합니다.

이때 엄마는 이렇게 출산의 과정을 연기로 표현합니다.
"아이고 배야, 아이고 배야, 알이/새끼가 나오려는 모양이네. 아이고 배야, 우리 예쁜 아기 어서 나오렴"

자녀는 밖으로 나오며
"삐약삐약, 엄마", "구구 구구구 엄마, 엄마."
"나는 아기 토끼. 눈을 못 떠요. 음냐음냐." 등
귀여운 언행을 할 수 있습니다.

알놀이
(새끼놀이)

옷이나 이불 밖으로 나온 자녀를 안고 마음껏 축복해 줍니다.
"세상에, 이렇게 예쁜 00이가 태어났구나. 고마워, 엄마가 아주 많이 사랑해 줄게. 우리 00! 사랑해, 사랑해"

둘째 셋째 자녀가 기다리고 있으면 다음 출산과 탄생, 그리고 축복의 단계를 이어서 연기하며 스킨십과 사랑의 언어를 충분히 나누면 됩니다. 이 놀이는 엄마와 자녀들만 해도 재미있고, 아빠가 참여할 때는 자녀가 태어나면 일차로 엄마가 안고 축복의 말을 해 주고, 다음에는 굴러서, 혹은 날아가는 시늉을 하며 아빠 품으로 쏙 안길 수 있습니다. 이차로 아빠가 자녀를 또 충분히 안아주고 머리를 쓰다듬어주며, "사랑한다. 우리 딸, 아들로 와줘서 고맙구나."라고 말해 주면 최고의 화목놀이로 즐거운 시간을 보낼 수 있습니다.

<아빠와 함께하는 놀이(아빠 발등에 올라가서 하는 놀이)>

체중이 30kg 미만인 자녀들과 할 수 있는 놀이입니다. 발등에 올라가서 하는 이 놀이는 아빠와 자녀 모두 맨발로 해보세요.

| 펭귄 놀이 | 황제펭귄은 엄마 펭귄이 알을 낳으면 아빠 펭귄이 알을 품는다고 합니다. 자녀에게 이런 펭귄의 습성을 간단하게 이야기해준 뒤 아빠의 발등 위에 자녀가 서게 해줍니다. 아빠는 자녀의 머리카락을 쓰다듬거나 어깨를 감싸며 다음과 같이 사랑의 말을 하면 됩니다.

"귀여운 00(자녀 이름) 펭귄이구나, 아빠 엄마가 사랑해서 이렇게 귀여운 녀석을 낳았지. 정말 사랑스러운 우리 00! 조금만 기다리렴. 엄마가 맛있는 먹이를 구해 오실 거야."

아빠와 자녀가 이렇게 친밀하게 이야기하고, 자녀를 쓰다듬는 사이에 엄마는 한입에 쏙 넣을 수 있는 간식을 준비해서 지나가며 "사랑하는 우리 00, 엄마가 맛있는 간식을 준비했어. 한입 먹어보렴."하고 입에 넣어주세요. 이후 아빠와 발등 위에 올라가 있는 자녀가 원하면 간식을 그 자세로 좀 더 먹으며 놀이시간을 이어가면 됩니다. 자녀가 여러 명일 경우 놀이의 시작 전에 순서를 정해 두었다가 돌아가며 자신의 차례에 아빠 발등 위에 올라가서 펭귄 놀이를 이어가고, 마지막은 함께 모여 간식을 좀 더 먹고 마무리합니다. | -핑거푸드

-귤을 까서 낱개로 준비

-모여서 함께 먹을 간단한 다과 |

아빠 발등에서 춤추기	아빠 발등 위에서 춤추기는 오래전 외국영화에서 본 장면 같은 놀이입니다. 왈츠나 가족이 좋아하는 음악을 틀고, 어린 자녀가 아빠 발등 위에 올라가 가볍게 춤을 추는, 간단하지만 음악과 행동이 더해져 안정감과 좋은 기분을 느낄 수 있는 활동입니다.	-춤추기 좋은 음악 두 곡

<이불을 이용해서 할 수 있는 놀이>

원하는 사람이 이불을 끌거나 말 수 있습니다. 주로 아빠가 담당하지만, 엄마나 터울이 많이 나는 맏이가 하는 것도 좋습니다. 편하게 빨고 건조할 수 있는 이불만 있으면 할 수 있는 간단한 놀이입니다.

하늘을 나는 양탄자	가족이 좋아하는 음악을 거실에 틀어 놓습니다. 가장 가벼운 자녀가 이불에 올라앉고, 다른 가족 중 한 명이 "하늘을 나는 양탄자!"를 외치며 살살 끌고 다닙니다. 목적지를 미리 정해 두어 그곳에 도착하면 다음 자녀가 이불에 올라가고 또 양탄자 놀이를 합니다.

김밥 놀이	자녀들을 이불에 눕게 합니다. "나는 단무지!", "나는 오늘 햄이야!" 이렇게 자녀마다 원하는 김밥 속 재료를 선택하고 외칠 수 있겠지요. 아빠와 엄마가 이불을 둘둘 말며 말합니다. "으쌰! 오늘도 맛있는 김밥을 말아보자! 둘둘둘!" "오, 김밥 꽁지네! 단무지가 나왔어! 햄이 긴가!" 이불 속에서 꼼지락거리는 자녀의 몸을 토닥이거나 이불 밖으로 나온 자녀의 발이나 머리를 만져줍니다. 단순한 놀이인데 많이 움직이고, 웃을 수 있어서 정서 발달에 좋습니다. 다만 이불 먼지가 싫거나 이부자리가 흐트러지는 것이 견디기 어려운 부모라면 이 놀이를 하는 중간이나 놀이를 마치고 정리하며 자녀에게 과민하게 반응할 수도 있습니다. 그런 경우 이 놀이는 선택하지 않는 편이 바람직합니다.

자녀의 연령과 무관하게 할 수 있는 놀이

<몸으로 말해요>

부모나 자녀 중 한 사람이 소리 없이 동작으로 영화나 동화의 한 장면을 표현하면 나머지 가족 구성원들이 정답을 맞히는 게임입니다. 나이와 무관하게 가족 모두 참여할 수 있고, 자녀가 여러 명이고 터울이 있더라도 가정에서 형제자매가 읽은 동화책이 겹쳐서 큰아이도 자신이 어려서 읽은 책의 한 장면을 동생이 흉내 내면 재미있게 맞출 수 있습니다. 함께 본 영화나 책이 많을수록 게임이 재미있어집니다.

"디즈니 영화야, 맞춰봐."
몸으로 'Let it go'를 부르며 손바닥에서 얼음 장풍이 나가는
(가장 유명하고 상징적인) 엘사의 포즈를 조금 과장해서 표현합니다.
"정답! 렛잇고!"
"그건 노래 제목이고"
"아, 아, 그거! 겨울왕국!"

"이건 책 내용이야. 우리 집에 있는 책이야."
 <도깨비를 빨아버린 우리 엄마>의 한 장면으로 조물조물 빨래를 하는 모습,
다 빨고 탈탈 털어서 빨랫줄에 너는 장면을 손으로 뭔가를 들고 탈탈 털고 너는
시늉을 하며 보여줍니다.

<구름빵>, 홍비와 홍시 남매를 표현하듯 손가락 두 개를 펴고, 구름을 한 조각
떼어 빵을 만드는 시늉, 그리고 완성된 빵을 먹고 하늘로 떠오르는 장면처럼 팔
을 벌리고 다소 놀란 얼굴로 둥실둥실 나는 척을 합니다.

"이건 지브리 영화야"
토토로가 우산을 쓰고 있다가 쿵!하고 뛰어 빗방울을 많이 맞게 하는 장면을 보
여줍니다.

<피자와 빵 만들기>

주말 오후에 가족이 모여 간단하게 만들어서 먹을 수 있는 간식을 만드는 시간입니다. 완성된 피자나 빵을 먹으며 유쾌한 가족영화를 시청해도 좋겠지요? 모든 가족이 할 수 있는 활동입니다. 완성된 음식을 서로 나누어 먹으며 거실에서 함께 영화를 보는 등 이후 가족과 함께 하는 시간을 가질 수 있습니다. 준비물로는 또띠아, 식빵, 통조림 옥수수, 피자치즈, 토마토소스나 케첩, 햄, 빵은 호떡믹스와 좋아하는 잼, 우유나 과일 맛 요거트 정도면 충분합니다. 부모가 먼저 시범을 보이고, 이후 자녀가 서툴더라도 스스로 재미있게 할 수 있게 안내해 주세요. 주의할 점은 거창하게 준비하는 것이 아니라는 것입니다. 간편하게 만들 수 있는 재료를 평소에 사두었다가 주말 오후에 꺼내 사용하면 됩니다. 잘 만들려고 하는 것이 아니라 자녀와 재미있는 시간을 보내는 것이 목적입니다.

피자 만들기	또띠아나 식빵에 토마토소스나 케첩을 발라 줍니다. 다음은 통조림 옥수수와 햄, 집에 있는 채소를 올리고 피자치즈를 뿌린 뒤 오븐, 에어프라이어, 전자레인지에 5-10분, 가정에 있는 주방기기를 이용해 피자가 녹는 정도를 보시며 돌려주세요. 생각보다 금방 먹음직한 피자가 완성됩니다.
빵 만들기	빵을 만드는 것도 간단합니다. 시판 호떡믹스를 이용하고, 제품 뒤에 적힌 레시피대로 물(우유)이나 달걀 양을 조절하면 됩니다. 이후 좋아하는 잼을 넣어서 파운드케이크틀, 혹은 가지고 있는 전자레인지나 오븐 사용이 가능한 용기에 버터나 식용유를 조금 바르고 반죽을 넣어 딸기 파운드케이크, 블루베리빵 등을 만들어 보면 재미도 있고 맛도 좋습니다.

<둘 중 하나 게임>

부모와 자녀, 형제자매들이 함께 모여, 둘 중 더 좋아하는 것을 하나 고르는 단순하면서도 서로를 알아갈 수 있는 게임입니다. 사람들이 흔하게 고민할 만한 보기를 주기도 하고 가족끼리만 아는 정보를 이용해서 정말 고르기 어려운 두 가지를 주고 "꼭 하나만 고른다면?"이라고 말할 수 있습니다. 고르기 어려워서 "으악! 이건 너무 어려워!"라고 외칠 때 함께 웃으며 공감할 수 있겠지요. 사소한 선택인데 너무 괴로워하며 고르는 부모나 자녀의 반응이 짧지만 재미있는 시간을 만들어 냅니다. 부모가 둘 중에 더 좋아하는 것을 고르기 어려워하며 괴로워할수록 자녀들이 즐거워합니다.

"짜장, 짬뽕"
"이건 너무 어려워. 짬짜면 먹을래."
"그건 보기에 없어. 꼭 하나를 골라야 해!"
"으아! 그럼, 그럼, 나 짜장면"

"새우죽, 단호박죽"
셋째, "단호박죽!"
둘째, "난 특새우죽!"

"제주, 서울 어디서 살고 싶어?"
"고민할 것 없이 제주!"

"호빵, 찐빵 중에?"
"우유가 있으면 찐빵, 없으면 호빵!"

"휴게소 음식 중에 소떡소떡? 치즈 핫도그?"
"소떡소떡!"

"디즈니 플러스와 넷플릭스"
둘째 셋째, "디즈니!", 엄마, 첫째 "넷플릭스",
아빠 "기권! 너무 어려워!"

"치킨 vs 피자"
첫째, 둘째 "치킨", 셋째와 아빠 "피자!"

<칭찬 샤워>

매우 짧고 효과적인 관계 증진 활동입니다. 이렇게 대단한 일이 아닌 것처럼 보이거나 조금 쑥스럽기도 한 놀이시간이 쌓이면 우리가 바라는 좋은 관계가 형성됩니다. 그리고 부모와 자녀, 형제자매의 관계가 좋을 때 문제 상황에서의 훈육이 빠른 효과를 발휘할 수 있기에 평소에 자주 해보면 좋겠습니다. 가족이 모여 함께하는 놀이 대부분은 관계를 끈끈하게 하는 것이 가장 큰 목적이라는 것을 기억해 주세요. 너무 진지하거나 정색하지 않고, 부드러운 분위기와 웃음이 있는 시간으로 만들어 주세요. 칭찬 샤워는 단순하고 짧은 시간에 이루어지는 쉽게 할 수 있는 특별활동입니다. 방법은 매우 단순합니다.

설명하기	프로그램을 설명해 줍니다. "우리는 서로를 칭찬할 거야. 모두 돌아가며 하는 거고, 한 사람도 빠짐없이 하자. 우리는 모두 칭찬받고 칭찬할 만한 사람이야. 자, 봐. 먼저 보여줄게." 이후에는 가족의 분위기를 살펴 누구든 제안할 수 있습니다. 하다 보면 시간은 점점 짧아집니다.
칭찬 샤워	"우리 칭찬 샤워 한 번 하고 자자" "오늘 자기 전에 칭찬 샤워 한 번 하자. 학교나 학원에서 기분 안 좋은 일 있었던 거 여기서 씻어 버리자." "오늘 힘든 일 있는 사람, 가운데로 와! 칭찬 샤워 한 번 받고 기운 내!" 모두 돌아가며 칭찬합니다. 형제자매끼리, 부모와 자녀 간에 서로를 칭찬하고, 자녀도 부모를 칭찬합니다. 특별히 힘든 일이 있거나 위로가 필요한 사람을 자원해서 원 가운데로 들이기 모두에게 두 배의 칭찬을 받아도 좋습니다. 서로 안아주는 것도 권장합니다.
마무리	실컷 칭찬하고 기분이 좋아진 뒤에는 좋아하는 노래를 부르면서 정리하면 좋습니다. "칭찬 샤워를 마쳤으니 이제 기분 좋게 가서 자자."라고 외치고 잠자리에 들면 더욱 좋겠지요.

어린 자녀들은 역할극 하는 것을 좋아합니다. 부모가 참여하는 연극에서 어른과 아이가 역할을 바꿔서 연기하면 더욱 좋아합니다. 모두 알고 있는 동화나 영화, 광고의 한 장면 같은 것을 연극 소재로 삼아 제목맞추기 놀이를 하거나 서로가 청중이 되어주어 가족만 알아듣고 웃을 수 있는 연극을 하는 것은 소재가 끊이지 않는 가족 놀이가 될 수 있습니다.

가족이 함께할 수 있는 놀이와 게임은 무궁무진합니다. 시중에 나와 있는 보드게임을 몇 가지 구입해서 식사 후 자녀들이 좋아하는 최신곡을 틀어 놓고 "세 곡이 나오는 동안 게임을 하고 마치면 바로 씻자."라고 정한 뒤, 게임을 마치면 깔끔하게 정리하고 욕실로 들어가는 것도 좋습니다. 씻기 싫어서 꾸물거리는 자녀를 둔 가정이라면 더더욱 그렇겠지요. 서로 먼저 씻으라고 언쟁을 하거나 양치 순서를 미루려고 한다면 "겨울에는 젖은 머리 말리는 데 시간이 오래 걸리니까 머리카락이 긴 순서대로!" 혹은 "이번 달은 첫째 먼저 양치, 다음 달은 둘째 먼저 양치! 매달 번갈아 가며 하기!" 등으로 정하고, 목욕이나 양치 전에 짧고 즐거운 가족의 놀이시간을 가지는 것도 괜찮은 방법입니다.

고학년, 십 대 자녀들과 시간과 공간을 함께하기

고학년 자녀들, 청소년 자녀들과는 매일 5분, 10분씩 하는 가족 놀이보다 한 달에 한두 번, 혹은 분기별로 같은 공간에서 좀 더 긴 시간을 보내는 것으로 화목활동이 바뀌는 경향이 있습니다. 각자의 방에서 스마트폰이나 노트북, PC 등으로 시간을 보내지 않고, 거실에 나와 함께 전자레인지에 돌린 팝콘을 먹으며 재미난 영화를 같이 보거나 좋아하는 야구, 축구 경기를 직접 관람하기 위해 경기장을 찾는 방식으로 시간과 공간을 함께하면 충분하다고 생각해 주세요. 부모가 '이럴 시간에 공부를 한 자라도 더 해야 하지 않나?' 하는 조바심을 내려놓고, 마음에 여유를 가지면 효과 만점입니다.

"우리는 너를 사랑한다. 사랑의 표현으로 이 시간과 공간을 함께하고 있단다. 오늘이 너에게 좋은 기억으로 남기를 바란다. 우리가 자주 오던 이곳이 너희들에게 추억의 장소가 되었으면 좋겠구나."

이 메시지를 언어와 비언어적으로 자녀에게 전달하면 성공입니다. 영화를 좋아하는 부모와 자녀라면 부지런히 개봉작을 찾아서 보시며 추억을 쌓아가세요. 부모와 함께 수많은 영화를 보았다는 명감독과 배우가 제법 많습니다. 발레나 뮤지컬, 그리고 아이돌을 좋아하는 십 대 자녀가 있다면 자녀보다 한발 앞서 소식을 듣고 콘서트 티켓을 예매해 보는 것도 좋습니다. 아이들이 좋아하는 가수의 공연 예매가 얼마나 어려운지도 경험해보고, 모험담처럼 재미나게 들려주세요. 함께 pc 앞에서 분초를 다투어 티켓팅에 성공하는 짜릿한 경험을 해봐도 좋고요. 영화나 공연 관람처럼 비용을 들이지 않더라도 가정에서 탄산수에 과일청을 골라 직접 에이드를 만들고, 좋아하는 과자 하나를 골라 먹으며, 주말마다 한 편의 영화나 예능 프로그램을 보는 것도 적극 추천합니다. 정적 靜的 이지만 그 시간과 공간이 부모-자녀의 관계에는 긍정적인 영향을 미치기에 충분합니다.

십 대 자녀와 가족이 모두 봉사 활동에 참여하는 것도 참 좋습니다. 자녀에게 '봉사하고 나누며 살아야 한다.'는 것을 말로 가르치는 데는 한계가 있습니다. 겨울에 연탄을 나르는 봉사를 해도 좋고, 가족 구성원의 기념일마다 몸으로 하는 봉사를 하는 것도 참 좋습니다. 노숙인 식사나 혼자 사시는 어르신들에게 반찬을 가져다드리고 안부를 묻는 봉사는 찾아보면 여기저기서 많이 하고 있습니다. 몸을 움직이고 땀을 흘리고 돌아오는 길에 가족이 함께 맛있는 짜장면을 먹거나 자녀가 좋아하는 음식점에서 가볍게 식사를 하고 오면 어떨까요?

바쁜 부모를 위한 잠자리 의식과 주말 활동

지금까지 소개한 것뿐만 아니라 부모가 평소 자녀의 목소리에 귀를 기울이고, 아이들의 관심사를 관찰하면 초등 자녀와 함께할 수 있는 가족 놀이가 많이 있습니다. 자녀의 나이 수준과 그들의 관심사가 옮겨갈 때마다 놀이와 게임도 조정해가며 진행한다면 자녀가 중고등학생이 되기 전까지, 혹은 그 이후에도 소소하게 함께 웃을 수 있는 시간을 만들고 누릴 수 있습니다.

이번 장의 서두에 밝혔듯이 가족 놀이를 위해 일정한 시간을 일과에 포함하는 것이 좋습니다. 직장이나 사업으로 매우 바쁜 부모의 경우, 잠자리에 들기 전 잠시 자녀의 손에 로션을 발라주며 "사랑해, 오늘도 애썼어. 내일은 더 좋은 날이 될 거야. 잘 자, 사랑해."라고 말해 주는 잠자리 의식을 매일 가지는 것도 스킨십과 축복의 언어가 담긴 특별한 시간이 될 수 있습니다.

* 어린 자녀와 함께 하는 가족 놀이에는 '스킨십'과 '축복의 말'이 들어가는 게 핵심입니다.

"와, 좋은데!"
"정말 좋아! 고마워!"
"하하하! 재미있다. 너무 신나!"
"우리 막내랑 노는 거 너무 행복하다."

몸으로 놀며 감탄사를 내뿜고 웃는 겁니다. 감탄은 인간만 할 수 있다고 합니다. 감탄은 관계를 빚어가는 마법 같은 표현입니다.

* 십 대 자녀에게도 '스킨십'과 '축복의 말'이 필요합니다. 안아주거나 손을 잡기 전에 물어봐 주세요.

(팔을 벌리며) "우리 큰딸, 봐도 봐도 너무 예쁘다. 엄마가 한번 안아봐도 될까?"

자녀가 허락하면 꼭 안아주며

"사랑해.", "이렇게 훌쩍 커버렸네. 고맙다."

자녀의 존재를 축복하는 말을 해주세요. 공부를 잘하거나 부모 말을 잘 듣는다고 칭찬하지 말고요, 조건 없는 사랑을 표현해주세요.

주중에 따로 시간을 내기 어려운 아빠라면 주말 중 하루, 그리고 정해진 시간을 아이들과 야외활동을 하며 짧고 굵은 가족 놀이 시간을 가질 수 있으니 포기하지 말아 주세요. 운동을 좋아하는 아빠라면 딸, 아들을 구분하지 말고, 자녀의 나이에 맞고, 본인이 가장 잘 가르쳐 줄 수 있는 종목을 정해 자녀의 수준에 맞게, 기술의 향상 속도에 맞춰 꾸준히 함께하면 정말 좋습니다.

"이기고 지는 것이 중요하지 않아. 아빠에겐 우리 우영이, 우성이와 함께 운동하며 좋은 추억을 만드는 것이 정말 큰 기쁨이야. 너희가 더 자란 뒤에 이 시간이 큰 자산이 될 거야. 추억은 돈을 주고도 살 수 없으니까. 아빠는 너희와 주말마다 나와서 운동해서 정말 기쁘고 고맙다."

이런 표현을 종종 해주면 이 시간을 가지는 목적이 더욱 분명해질 것입니다. 자녀가 여러 명일 경우 기술이 부족한 어린 동생을 인내하는 태도로 대하는 큰 자녀를 바라보는 기쁨과 어린 자녀의 기술이 늘어가는 모습도 볼 수 있으니 쉬고 싶은 주말에 자리를 박차고 일어나 시간과 사랑을 투자해 볼 만한 일입니다.

자녀와 좋은 관계를 맺고 유지하기 위해 가족 놀이를 하는 시간이 어려서부터 조금씩 쌓이면 가정에 어려운 일이 있을 때 헤쳐 나갈 힘이 생길 겁니다. 위기에 위력을 발휘하는 건 끈끈한 관계이고, 그건 어느 날 갑자기 생기는 게 아니니까요.

3   자기 돌봄이 가능한 부모

　부모교육의 핵심은 이번 장이라고 해도 과언이 아닐 겁니다. 자녀를 양육하는 부모가 자신을 돌보는 '돌보는 자의 자기 돌봄'은 그만큼 중요합니다. 정말 무엇보다 중요합니다. 부모는 긴 시간 동안 자녀를 돌봐야 하고, 완벽한 존재가 아니니까요. 우선, 자녀가 어린아이 때 부모는 수면시간이 너무 부족합니다. 잠이 인간에게 얼마나 중요한지 갓난아이를 키워보면 알 수 있습니다. 물론 순하게 잘 자는 아이들도 있지만, 예민하고 키우기 어려운 자녀를 둔 부모는 자녀를 만난 그 순간부터 꽤 긴 시간 동안 힘듭니다. 몸과 마음이 지치게 되지요. 그리고 힘들어서 자녀에게 다정하게 대하지 못하는 시간이 많아질수록 자신을 더다그치고 후회합니다. 그래서 '낮엔 버럭 화를 내고, 밤에는 잠든 아이를 보며 반성하고 죄책감을 느끼며 운다.'라는 말이 어린 자녀를 양육하는 부모들 사이에서 나오게 되지요. 그런데 참 이상하지요? 자녀가 자는 시간에 부모도 자야 하는 걸 알지만 온종일 타인에게 신경을 써서 그때부터 자기만의 시간을 보내고 싶어서 부모는 잠을 잘 수가 없으니 말입니다.

자기 돌봄이 중요하고 꼭 필요한 또 다른 이유는 '불안을 다스리며 좋은 선택을 하기' 위해서입니다. 사람은 누구나 다 어느 정도의 불안을 느끼고 삽니다. 그런데 부모가 되면 이전에는 그냥저냥 덮어 두고 살았던 내면의 불안이 올라오기 시작합니다. 너무 작은 아이가 꼬물꼬물 나만 보고 있을 때부터 불안이 시작되었다는 어머니를 만났습니다. 내가 젖을 안 주거나 재워 주지 않으면 아이의 생명이 꺼질 수도 있다는 생각에, '나도 불완전한 존재인데 다른 생명을 보살펴야 하는 그 순간이 두렵고 막막했다.'고 하더라고요. 정말 공감합니다. 아직 내 인생도 미완성이고 잘 모르겠는데, 나만 보고 있고 나를 닮았지만 나와는 다른 존재가 탄생하는 순간부터 부모는 새로운 세상으로 들어갑니다. 그리고 이제 '내가 틀릴까 봐', '이 아이를 키우다 실패할까 봐', '남들만큼 못할까 봐', '잘하고 싶어서' 걱정을 합니다. 불안은 부모를 위축시키거나 극단으로 몰아갑니다.

새로운 선택과 도전에 주저하는 것도 불안 때문이고, 확고한 내 가치관 없이 남들이 달리는 방향으로 무작정 가고 보는 것도 불안 때문입니다. 누군가가 가르쳐주고 가라는 방향으로 가야 마음이 좀 놓이기도 하지요. 세상이 정해 놓은 틀에 나와 자녀를 맞춰야 미래가 보장될 것 같은 비합리적인 사고를 하기도 하고요. 미디어에 나오는 정보와 전문가들의 말, 타인의 기대 등에 계속 초점을 맞추고 내 불안을 키워갑니다. 불안해서 정작 나 자신이 누구인지 모르는 채로 앞으로 달려가고 있나요? 그건 내 삶이라고 할 수 없습니다. 부모가 내 삶 없이 사회의 큰 파도 속에 쓸려 가고 있다면 자녀도 그 흐름을 피하기 어려울 겁니다. 불안은 전염성이 매우 강한 감정이거든요.

아이들은 실컷 놀아야 합니다. 이제는 이걸 모르는 부모는 없습니다. 잘 먹고 잘 자고, 실컷 논 아이들이 '내가 어디까지 가는지 한번 가보자!' 하고 앞으로 가면서 자기를 찾고 성장하는 것입니다. 이런 내용은 자녀 양육에 관심이 있는 부모라면 이제 다 압니다. 다만 알면서도 부모는 자녀에게 그런 시간을 주기가 어렵습니다. 부모 자신의 불안을 막기 어렵거든요.

'잘하지 못하면 나와 우리 자녀가 사회에서 인정받지 못할 텐데...'
'자녀를 잘 키우지 못하면 우리 가족이 엉망이 될까 봐 겁나.'
'내가 잘하지 못하면 중요한 사람들과의 관계가 깨질까 봐 걱정돼.'

이런 불안 속에 살면 자신에게 솔직하기 어렵습니다. 타인에게 맞추고 눈치를 보는 삶을 살게 되지요. 그래서 불안을 따라가는 행동은 나와 자녀, 그리고 사회를 망가뜨립니다. 차분하게 현명한 판단을 해가야 주어진 환경에서 더 나은 삶을 살고, 자녀에게 내 뒷모습을 보여줄 수 있습니다. 먼저 '잘한다는 게 무엇일까?' 질문 할 필요가 있겠지요. 순간순간 격정적인 감정이 밀려올 때면 '이건 무슨 마음이지?', '난 왜 이런 기분이 드는 걸까?' 자신에게 질문을 하고 답하는 게 중요합니다. 부모가 이런 작업을 하며 산다면 자녀 역시 보고 배울 겁니다. 참 신기하게도 '듣고 배운다'가 아니라 '보고' 배웁니다. 자녀는 부모의 뒷모습을 보고 성장합니다. 그래서 부모가 자녀에게 전수해야 할 중요한 가치는 '자기 돌봄', '자기 공감', '자기 이해'라고 두 번 세 번 강조해도 지나치지 않습니다.

불안에서 나오는 행동은 좋은 게 딱히 없습니다. 과도한 감정의 파도에 쓸려서 오가는 행동이라 그렇지요. 그러면 불안을 뿌리 뽑아서 없애버릴 수 있을까요? 정신과 전문의들은 불안은 어쩔 수 없다고 답합니다. 그러나 '내가 불안하구나. 내가 왜 불안하지? 이 불안이 근거가 있는가? 불안해서 나와 자녀를 밀어붙이는 방법 말고 다른 방법은 뭐가 있을까?' 하며 불안을 다스리고 좋은 선택을 계속해서 하는 게 우리가 할 수 있는 일입니다. 소아정신과 전문의 서천석 선생은 "부모 자신의 불안을 다루는 게 자녀에게 행복을 주는 길"이라고 말했습니다. 불안을 잘 다스리기 위해 '나'에게 집중하는 '자기 돌봄'을 추천합니다. 수시로 자신을 돌보는 방법을 소개하겠습니다. 미루지 마시고 하나라도 꼭 실천해 보세요. 내 안에 있는 내 삶의 답을 찾아가실 겁니다. 1년, 2년이 지나면 분명 성장해 있는 자신을 만날 겁니다.

다정함은 체력에서 나오고, 슬기로운 말은 배움과 여유에서 나옵니다

'건강한 신체에 건강한 정신'이라는 표어를 들어보셨지요? 학창 시절, 쉬는 시간에 하던 국민체조를 기억하시나요? 자기 돌봄의 첫 단계는 '체력, 즉 육체의 건강을 돌보는 것'에서 시작합니다. 다정함은 체력에서 나오니까요. 부모가 몸의 건강과 기분의 상태가 괜찮을 때는 자녀의 실수나 문제 행동을 보고도 "현아야, 엄마가 뛰어다니지 말고 살살 걸어야 한다고 이야기했었지? 집에서는 뛰지 말고 걸어 다녀. 아래층 할머니도 생각하자."라고 편안하게 말할 수 있습니다. 그러나 같은 상황이어도 부모가 많이 지쳐 있으면, "김현아! 아빠가 뛰지 말라고 했어, 안 했어! 몇 번 말해야 알아들어?"처럼 성을 붙여서 부르게 되고 목소리가 커지지요. 자녀의 행동은 같지만, 부모의 몸 상태에 따라 반응은 달라집니다.

다정함이 체력에서 나온다는 말의 의미는 이미 충분히 아실 겁니다. 일과 육아로 너무 피곤하고 바빠서 실천하기 어려울 뿐이지요. 아마 아이를 낳아 기르기 전에는 인간의 몸과 정신이 얼마나 밀접하게 연결되어 있는지 생생하게 경험할 일이 없었을지도 모릅니다. 사람은 참 신비한 존재입니다. 몸과 마음이 아주 밀접하게 연결되어 있거든요. 그래서 오랜 시간 자신을 보살피지 않고 타인을 보살피느라 진액을 다 쏟으면 '적당히 해야지.', '알아차리지 못하고 있나 본데, 넌 지금 쉬어야 할 시간이야. 쉼이 필요해.'라는 신호를 몸이 먼저 보냅니다. 본인을 위해 보약이나 영양제를 사 먹는 걸 아까워하지 마세요. 따로 시간을 내서 운동하는 게 결코 이기적인 행동이 아닙니다. 나를 위한 일이고, 동시에 배우자, 그리고 자녀, 우리 가족을 위한 장기 투자입니다. 물론 내 건강을 챙기겠다고 지나치게 많은 비용과 시간을 자신에게 써서 관계를 해쳐서는 안 되겠지요. 자신의 건강에는 좀 무신경해도 부모라면 자녀에게 투자해야 한다고 생각하는 경우가 많습니다. 그러나 자녀를 돌보는 역할을 감당하는 부모는, 적절한 비용과 시간을 떼어 건강에 투자해야 합니다. 궁극적으로 그게 가족 모두를 위해서 더 좋은 선택임을 기억해 주세요.

두 번째 자기돌봄은 '혼자만의 시간을 가지며, 사색하거나 짧더라도 시간을 내서 조용히 공부'하는 것입니다. 모두가 잠든 밤에 두세 시간 자기를 위한 시간을 가질 때 고요하고 평온한 느낌을 느껴 보셨나요? 이때 공부든 독서든, 정신을 맑게 하고 '나의 성장을 위한' 일을 해보는 겁니다. 물론 꼭 밤이 아니어도 괜찮습니다. 이른 새벽에 일어나 한 시간쯤 조용한 음악을 틀고 책을 읽거나 경전을 읽고 필사하는 분도 많이 봤습니다. 무엇이든 좋습니다. 심리상담가 박상미 교수는 "공부는 가장 창조적인 여가 활동"이라고 표현했습니다. 쉬지 않고 새로운 것을 배우고 공부하는 사람은 타인에게 친절하다고 합니다. 공부하면 자신의 빈 마음이 채워져서 자신에 대한 만족도가 높아지고, 타인에게도 관대해지는 거지요. 학창 시절에 점수를 받으려고 하던 국영수 중심의 공부는 재미없었지만 긴 인생을 생각하면 놀이처럼 즐겁게 도전할 공부가 필요합니다. 제가 운영하는 부모 교육과 집단프로그램에도 20대 미혼 여성부터 50, 60, 70대(가장 많은 연령과 성별은 30-40대 여성이고요), 40대 중후반의 남성들까지 정말 다양한 사람들이 저마다 다른 이유로 들어옵니다. 좋은 부모가 되기 위해, 강의와 상담에 활용하려고, 한 번도 배운 적 없는 부모 역할과 자기를 찾아가는 공부에 호기심이 생겨서 등등 삶에서 가장 소중한 자신을 위해 시간과 비용을 투자하는 지혜로운 자기 돌봄의 대가들이 전국, 심지어 해외에도 많이 계셔서 놀라고 있습니다.

　세 번째 자기 돌봄으로는 '좋은 대인관계, 안전한 지지집단의 경험'을 추천합니다. 어린 자녀를 양육하는 시기에 주 양육자는 대인관계의 폭이 좁아지는 경험을 합니다. 때로는 배우자는 결혼 전과 다름없이 대인관계를 가지는데 자신만 집에서 아이를 키우느라 마음 통하는 사람과의 대화가 없다는 상실감에 더 우울하고 화가 날 때도 있습니다. 물론 이 시기는 지나갑니다. 그러나 머리로는 알지만 답답하고 마음이 힘들어서 견디기 어려운 것 또한 사실입니다. 자녀가 좀 성장해도 결혼 전처럼 마음에 맞는 사람들을 만나는 게 쉬운 일은 아닙니다. 가치관이 비슷하고, 대화가 통하는 사람과 마음을 나누고, 지지받는 경험은 우리를 성숙하게 합니다. 늘 만나던 사람, 자주 보던 영상물이 익숙하겠지만 자녀가 용기 있게 인생의 새로운 도전을 피하지 않기를 바란다면 부모가 먼저 그런 인생을 살아 보면 좋겠습니다.

주변에 나와 내 자녀의 가치를 외모나 성적, 사는 집 등으로 평가하는 사람이 많다면 새로운 대인관계를 위해 용기를 내보세요. 등수와 평수의 안경을 벗은 사람도 우리 사회에 많이 있습니다. 가치 있는 삶을 위해, 사람을 있는 그대로 보고 지지해 주는 사람을 만나고, 그 안전한 공동체 안에서 지적 대신 지지받는 경험을 많이 해보세요. 분명 몇 년 뒤에는 더욱 성숙하고 성장해 있는 자신과 자녀를 보게 될 겁니다. 좋은 대인관계를 통한 자기 돌봄은 관계 속에서 살아가는 인간의 기본 욕구를 충족시켜 줍니다. 개인은 집단을 이기기 어렵습니다. 그러나 좋은 사람들과 함께할 때 많은 일을 해낼 수 있습니다. 나와 가족, 그리고 사회를 위해 '위기에 위력을 발휘하는' 좋은 공동체를 경험하시길 바랍니다. 그런 곳이 없다면 주변에 물어보세요. 내가 먼저 만들어도 좋습니다. 온라인 공간에서 일주일에 한 번씩 만나도 좋고, 가까운 곳에 사는 사람끼리 마음을 모아 한 달에 두 번 정도 만나서 서로의 양희은이 되어주어도 괜찮지요. 중요한 것은 모인 사람이 서로를 판단하지 않고, 있는 그대로, 한 사람 자체로 바라보고 지지하는 집단을 만들어 가는 것입니다.

네 번째 자기 돌봄은 '가족 안에서 가사노동을 적절하게 분배하고, 협동하여 한 사람에게 과도하게 일이 치중하는 것을 방지하는 것'입니다. 가족은 함께 사는 공동체이고, 가족 구성원은 저마다 더불어 살기 위해 협동해야 합니다. 그런데 많은 가정이 성인인 부모, 혹은 어머니가 가사노동의 너무 많은 부분을 담당하는 게 현실이지요. 과도한 가사노동의 부담은 여성의 자아실현을 방해하기도 하고, '내가 이러려고 그 고생을 하며 공부 했나?', '나는 밥하고 빨래하고 청소하는 사람인가?' 하는 자괴감이 들게 하기도 합니다. 혹 부모 둘만 가사노동을 전담하고, 자녀에게는 "아빠 엄마가 알아서 할 테니 너희들은 공부만 잘하면 돼."라고 말하는 부모가 있다면 자녀가 가족 구성원으로 협동심을 기르는 기회를 박탈하는 겁니다. 자녀의 연령에 맞게 작은 일부터 참여시켜 보세요. 예를 들면 빨래는 부모가 하지만 말려서 개키는 과정에서 수건 접기를 함께 하거나 부모가 정리해놓은 자신의 옷은 자녀들이 각자 자기 옷장에 넣는 거지요. 별거 아니지만 이렇게 가사노동에 온 가족이 참여하기 시작하면 자녀가 성장하면 더 많은 일을 나누어서 할 수 있습니다. 부모는 무쇠로 만든 사람이 아닙니다. 가사노동은 '도와주는' 것이 아니라 '함께하는 일'이라는 개념을 어려서부터 자녀에게 자연스럽게 심어주면 어떨까요? 물론 자녀에게 경험시키기 위해서는 부부가 기분 좋게 적절한 가사노동을 분담하여 "네 일이다. 내 일이 아니다." 등의 서로를 비난하거나 혼자 과도한 일을 한다는 피해의식을 느끼지 않도록 하는 것이 먼저입니다.

다섯 번째는 아무리 강조해도 지나치지 않은 '일대일 애정 통장에 저축하기'입니다. 여기서 주목할 점은 두 곳이에요. '일대일'과 '애정 통장 저축'입니다. 먼저 부부 둘만의 시간을 보내는 건 중요합니다. 어린 자녀를 키울 때는 부부가 밖에서 만나 둘이서만 시간을 보내는 게 현실적으로 어렵습니다. 아이들을 재우고 나서 살금살금 거실로 나와 1시간 만이라도 시간을 보내보세요. 콜라 한 잔, 맥주 한 모금 마시면서 마주 보고 웃는 시간을 가져보면 어떨까요? 밤에 식탁이나 소파에 앉아 부부가 농담하며 웃는 것도 추억이자 일대일 애정 통장에 저축하는 시간입니다. 자녀가 어린이집이나 유치원, 학교에 입학하면 점심시간을 이용해서 잠깐 만나 김밥처럼 긴단한 음식을 사 먹고, 20-30분 산책하는 것도 좋습니다. 사랑하는 마음도 있어야 하고요, '나중에'라고 미루지 않고 바로 행동에 옮기는 것도 중요하죠. 부부만의 시간을 어렵게 생각하지 마세요. 지금 바로 해보세요.

자녀와 일대일 애정 통장 저축하기는 자녀 한 명 한 명과 30분, 1시간이라도 충만한 시간을 보내는 것을 의미합니다. 큰아이가 초등학교 저학년일 때는 4교시 마치면 점심만 먹고 일찍 하교하고, 동생이 어린이집이나 유치원에서 오후에 하원하니 그 빈 시간에 첫째 아이와 데이트를 할 수 있습니다. 첫째는 동생이 태어나는 순간 '폐위된 왕'의 감정을 느낀다는 말이 있습니다. 부모와 주변의 사랑을 독차지하다가 갑자기 더 어리고 보살핌을 필요로 하는 새로운 존재인 동생이 등장해서 느끼는 박탈감이 마치 왕위에 있다가 폐위되었을 때처럼 크다는 거죠. 그런데 큰아이가 그런 박탈감과 질투를 느끼는 시기에, 자녀를 둘 이상 낳고 기르는 부부는 경제적·심리적으로 첫째의 그런 마음을 세심하게 살필 여유가 없는 경우가 많습니다. 머리로는 알지만 몸이 지치고 시간 내기 어려운 경우도 많고요. 둘째는 둘째대로 태어나 보니 자기만 제일 어리고 위로 부모와 형오빠/언니누나가 있습니다. 무엇을 해도 손위 형제자매를 이기기 어려우니 기분이 쉽게 나빠질 수 있지요. 자신의 소유가 생기고, 사랑의 감정을 아는 돌 전후로 아이들은 질투도 하고 싸우기 시작합니다. 그러니 형제자매가 다투는 걸 "사이좋게 놀아야지, 대체 왜 저러는 거야?"라고 이해 못 하겠다는 시선으로 보고 괴로워하지 마세요. 구약 성서에 보면 태초부터 형제자매는 경쟁 관계더라고요. 부부가 무조건 사랑하고, 자녀는 부모 말을 잘 듣고, 형제자매는 우애 좋은 웃음꽃 넘치는 가정의 모습은 환상입니다. 우리는 환상을 가지고 결혼하고 가족을 이루었지만 일상을 사는 존재지요. 환상을 일상으로 끌어내리면 비난을 멈출 힘이 생깁니다. 이해의 폭이 넓어지기도 하고요.

자녀가 셋 이상인 가정에서는 자녀 한 명 한 명과 일대일의 애정 통장에 저축하는 시간을 가지는 게 어렵습니다. 긴 시간을 들이고 특별한 무언가를 하겠다고 생각하고 거창하게 준비하려고 하면 어렵습니다. 집 앞 편의점에 둘째랑만 손잡고 다녀오기, 막내랑 아빠랑 둘이 목욕탕 다녀오기, 가운데 끼인 아이의 유치원 부모 행사에 꼭 참석해서 아이와 눈 마주치고 웃기, 그리고 돌아오는 길에 아이스크림 하나 사 먹기. 이런 작지만, 어른이 되어 떠올리면 웃음과 눈물이 쓱 지나갈 만한 그런 저축을 해보세요.

부부, 부모-자녀 간의 애정 통장 저축이 왜 자기 돌봄이냐고 물으시려나요? 사람은 혼자 살 수 없는 존재이고, 가족 안에서 좋은 관계를 맺어서 사랑이 든든할 때 비로소 단잠을 잘 수 있거든요. 힘든 일이 많지만 아내, 남편, 그리고 우리 아이들과의 애정 통장이 가득 차 있으면 다시 일어날 기운이 생깁니다. 돌아가신 저의 할아버지께서는 그걸 '훈김'이라고 하셨습니다.

"사람은 훈김으로 산다."

가족 안의 그 온기는 부모가 자기 돌봄을 살해서 마음이 넉넉하고 너그러울 때 비로소 만들 수 있습니다. 어쩌면 부모가 그 훈김의 가장 큰 수혜자일지도 모릅니다.

마지막 여섯 번째는 영혼을 돌보는 작업으로, '건강한 종교를 가지는 것'입니다. 부모는 참 연약한 존재입니다. 자녀가 아플 때 대신 아파 주고 싶은 마음이지요. 그러나 해결해 주지 못해 마음만 졸이고 울어 보셨을 겁니다. 자녀의 삶의 고통과 무게를 덜어주고 싶고 멋지게 해결해 주고 싶지만, 현실적으로 무능한 부모처럼 느껴지실 때도 있지요? 부모는 신적인 존재가 아닙니다. 자녀도 어느 순간 깨닫습니다.

'아빠가 슈퍼맨이 아니구나.'
'엄마도 내 삶의 고통을 다 해결해 줄 수 없구나.'

그리고 이걸 아는 건 지극히 건강한 성장 과정 중 하나입니다. 오히려 그걸 모르고 계속 부모에게 요구하는 자녀나 끝없이 주려고 희생을 자처하는 부모가 건강하지 못한 거죠. 적절한 좌절은 성장에 필수라는 걸 기억해 주세요. 부모는 모든 걸 제공해주는 사람이 아닙니다. 설령 그렇게 해주는 부모가 있다면 오히려 독이 되는 부모입니다.

아무리 '과유불급過猶不及이다, 완벽한 부모란 없다, 있다면 그 완벽한 부모가 오히려 더 나쁜 부모다,'라는 말을 육아서를 통해 보고 들어도 부모 마음은 그보다 한 수 위입니다. 자녀에게 좋은 것을 주고 싶지요. 그러기 위해서 부모인 우리가 더 많이 가지고 싶어지기도 하지요. 그런 부모 마음을 욕심이라고 누가 욕할 수 있을까요? 솔직한 사람 마음 아닐까요? 그런데 뜻대로 되는 것보다 노력해도 안 되는 일이 참 많습니다. 노력 자체를 시작하기 어려운 일도 얼마나 많은가요? 우리는 살며 수없이 많이 좌절하고 마음 아픈 경험을 하게 됩니다. 그 과정 자체가 성숙해가는 여정이라고 해도 과언이 아닙니다. 그리고 고통 속에서도 삶의 의미를 찾아가며 힘을 내는 부모의 성숙 과정이 자녀의 성장에 가장 좋은 교과서입니다. 자녀는 부모의 삶의 자세와 관계 맺는 방식으로 자신들도 다른 사람과 관계를 형성하며 사는 경우가 아주 많으니까요.

자녀가 자라며 적절한 좌절을 통해 삶을 배우듯이 부모도 더 좋은 부모가 되고 싶고, 더 잘하고 싶지만 내 마음대로 되지 않는 크고 작은 좌절을 평생 겪습니다. 그때 다 자란 어른이지만 부모도 쓰린 마음을 위로받고, 영혼 깊은 곳의 샘물이 솟아나는 경험을 해야 합니다. 그래서 그 어떤 부모 교육 교재에도 없던 이야기를 지금 합니다. 영혼을 돌보는 작업으로, 건강한 종교를 가져보시길 권합니다. 좋은 종교 공동체를 경험하셨으면 좋겠습니다. 제 수업에는 주로 개신교인, 천주교인이 들어옵니다. 종종 절에 다니시는 분들도 들어오시기도 합니다. 그릇된 종교가 아닌 이상 깊은 신앙심을 가지신 분은 온라인 수업에서든 대면 강의에서든 눈빛과 낯빛이 다릅니다. 내공이 느껴지는 분도 있고요.

어른들이 종종, "사랑받는 사람은 얼굴이 다르다."라고 말씀하시는 걸 들었습니다. 신의 사랑을 경험한 사람, 따뜻하고 깊은 물가에 머무는 사람은 다릅니다. 앞서 말한 다섯 가지 자기 돌봄도 모두 중요하지만, 사람에게 여유를 줄 수 있는 본질적인 장소는 '영혼'입니다. 사람은 누구나 일상의 분주함이나 크고 작은 일을 만나 헤쳐 나가느라 힘을 많이 쓰다 보면 지치게 마련이지요. 그때 여유를 찾기 위해 재정비를 해야 합니다. 그만큼 소진되기 전에 미리 예방하는 게 가장 좋지만, 현대사회에서 '내 마음의 여유를 위해 스스로 예방'까지 하는 건 쉽지 않겠지요. 적어도 한 달에 두 번 이상은 종교 생활 _{미사, 예배, 법회 참석 등} 을 하는 건 마음 소진을 예방하는 활동, 충전하는 시간이라고 볼 수 있습니다.

"다정함은 체력에서 나오고, 슬기로운 말은 배움과 여유에서 나옵니다."

아무리 많이 배워도 영혼 깊은 곳의 여유가 없는 사람은 그 배운 언어가 나올 수 없습니다. 기억해 주세요,

'영혼이 풍요로운 사람은 마음의 여유가 있습니다.'

마지막으로 저에게는 '자기 영혼을 돌보는 부모의 자녀가 잘못될 리 없다'는 신념이 있습니다. 생생하게 자신의 삶을 살아가는 부모를 보고 자라는 자녀는 인생 과정 중에 방황하고 슬픈 일도 겪겠지만 반드시 부모가 누린 따뜻한 물가로 돌아와 자기 영혼의 쉼을 누리는 사람이 될 거라고 믿습니다.

나 돌보기 (Self-care) 질문지

 다음 문항은 일상에서 자신에게 관심을 가지고 잘 돌보고 있는지를 알아보기 위한 질문입니다. 1점은 자기돌봄 행동과 생각을 전혀 하지 않는 경우, 2점은 현재 어느 정도 그 행동을 실행 하고 있는 상태, 3점은 매일은 아니어도 주 3회 정도 하는 경우, 4점은 거의 매일 자신을 잘 돌보고 있는 상태를 뜻합니다. 각 문항을 읽고 평소 자신의 모습을 떠올려보고 편안하게 해보세요.

1	2	3	4
전혀 하지 않는다	한다	자주 한다	매일 하는 편이다

신체 돌봄

1	규칙적으로 식사를 한다. (1일 1식, 1일 2식, 1일 3식, 간헐적 단식 모두 가능. 규칙적으로 식사를 기억하고 챙겨서 먹는 지가 중요)	1	2	3	4
2	스트레칭이나 운동을 한다.	1	2	3	4
3	일정한 수면시간을 가진다.	1	2	3	4
4	현재 몸과 건강에 긍정적인 생각을 가지고 있다.	1	2	3	4
5	몸이 피곤하거나 아프면 휴식을 취한다.	1	2	3	4

심리적 돌봄

6	혼자만의 시간을 가지고 자신을 살핀다.	1	2	3	4
7	나의 생각, 감정에 주의를 기울인다.	1	2	3	4
8	내가 하기 어려운 일, 내 책임 범위를 넘는 일은 "No"라고 말한다.	1	2	3	4
9	필요할 때는 하루, 혹은 이틀 이상 시간을 내서 휴가를 누린다.	1	2	3	4
10	나만의 심리적 치유 활동을 한다. (상담, 미술, 음악, 춤 등)	1	2	3	4

정서 돌봄

11	나 자신을 칭찬하거나 인정한다.	1	2	3	4
12	나를 아끼고 사랑한다.	1	2	3	4
13	나만의 편안한 장소가 있다.	1	2	3	4
14	시간을 내서 중요하고 좋은 사람을 만난다.	1	2	3	4
15	울고 싶을 때, 웃고 싶을 때는 소리내서 울거나 웃을 수 있다.	1	2	3	4

대인관계 돌봄

16	가족과 대화를 한다.	1	2	3	4
17	도움이 필요할 때 주변에 도움을 요청한다.	1	2	3	4
18	신뢰하는 사람과 함께 내 문제를 나눈다.	1	2	3	4
19	유대감과 협동심을 느낄 수 있는 지지적인 대인관계가 존재한다.	1	2	3	4
20	사회적 관계를 소홀하게 여기지 않는다.	1	2	3	4

영혼 돌봄

21	영적으로 교감하고 교류하는 집단(단체)에 소속되어 있다.	1	2	3	4
22	내 삶의 의미를 찾는다.	1	2	3	4
23	자연을 느끼고 자연에서 시간을 보낸다.	1	2	3	4
24	명상이나 묵상, 기도를 한다.	1	2	3	4
25	내 삶에 에너지를 주는 것을 찾고 수시로 충전한다.	1	2	3	4

업무(체계) 돌봄

26	일과 휴식 사이에서 균형을 가지려고 신경을 쓴다.	1	2	3	4
27	일이 많은 시기에도 잠깐 조용히 나만의 시간을 가진다.	1	2	3	4
28	나를 지지해주는 동료가 두 명 이상 있다.	1	2	3	4
29	일을 혼자 다 하지 않고, 미덥지 않아도 나눠서 일하기 위해 체계화한다.	1	2	3	4
30	내가 좋아하는 일을 찾아낸다.	1	2	3	4

다정함은 체력에서 나오고
슬기로운 말은 배움과 여유에서 나옵니다.

<참고문헌>

권경인, <엄마가 늘 여기 있을게>, 북하우스, 2018.

게일 가젤, <하버드 회복탄력성 수업>, 현대지성, 2021.

김수연, <쉽게 읽는 보웬 가족치료>, 리얼러닝, 2022.

김현수, <중2병의 비밀>, 덴스토리, 2015.

김현수, <코로나로 아이들이 잃은 것들>, 덴스토리, 2021.

나종호, <뉴욕 정신과 의사의 사람 도서관>, 아몬드, 2022.

너새니얼 브랜든, <자존감의 여섯 기둥>, 교양인, 2015.

노구치 케이지, <부모트레이닝 가이드북>, 베이직북스, 2014.

노안영, <불완전할 용기>, 솔과학, 2016.

도널드 위니코트, <충분히 좋은 엄마>, 펜연필독약, 2022.

라이페이샤, <말이 마음 같지 않아 고민입니다>, 좋은생각, 2021.

루돌프 드라이커스, <아들러와 함께하는 행복한 교실 만들기>, 학지사, 2013.

루돌프 드라이커스, 비키 솔츠, <민주적인 부모가 된다는 것>, 우듬지, 2012.

박상미, <모든 인생에는 의미가 있다>, 북스톤, 2022.

박상미, <박상미의 가족 상담소>, 특별한 서재, 2022.

빅터 프랭클, <빅터 프랭클>, 특별한 서재, 2021.

오제은, <자기사랑노트>, 샨티, 2009.

유은정, <내가 예민한게 아니라 네가 너무한 거야>, 성안당, 2020.

유은정, <내 마음도 쉴 곳이 필요해요>, 규장, 2022.

유은정, <상처받지 않고 끝까지 사랑하기>, 규장, 2018.

유은정, <혼자 잘해주고 상처받지 마라>, 21세기북스, 2016.

윤홍균, <자존감 수업>, 심플라이프, 2016.

이남옥, <나의 다정하고 무례한 엄마>, 라이프앤페이지, 2020.

이무석, <자존감>, 비전과리더십, 2009.

이무석, <정신분석에로의 초대>, 이유, 2006.

이무석, 이인수 <따뜻한 무의식>, 미류책방, 2022.

이시형, 박상미, <내 삶의 의미는 무엇인가>, 특별한 서재, 2020.

최성애, 조벽, 존 가트맨, <내 아이를 위한 감정코칭>, 해냄, 2020.

정은진, 최은정, 김경미, 서유지, 박지영, <말하기와 보상>, 리얼러닝, 2023.

파커 J.파머, <삶이 내게 말을 걸어올 때>, 한문화, 2019.

최은정, 김경미, 서유지, 정은진, <초등학생의 꾸물거림에 대하여>, 리얼러닝, 2022.

토마스 고든, <부모 역할 훈련>, 양철북, 2021.

Michael H. Popkin, <부모코칭 프로그램: 적극적인 부모역할, Now!>, 학지사, 2007.

N.G.Hamilton, <대상관계 이론과 실제(자기와 타자)>, 학지사, 2007.

N.G.Hamilton, <심리치료에서 대상관계와 자아기능>, 학지사, 2008.

지혜로운 힘을 키우는 부모교육 가이드

죄책감과 작별하는 부모

초판 1쇄 발행 2024년 5월 30일
초판 2쇄 발행 2024년 7월 10일
지은이   서유지
발행인   정강욱, 이연임
편집   백예인
디자인   이유림
출판   리얼러닝
주소   서울특별시 마포구 어울마당로1길 18 2층
전화   02-337-0333
이메일   withreallearning@gmail.com
출판등록   제 406-2020-000085호
ISBN   979-11-984424-7-5